선용

Good use is Life

서문

이 책은 인생을 무슨 목적으로 살 것인가에 관한 책이다. 다들 나름대로 땀흘리는 노력을 하면서 살아가지만 확실한 목적을 갖고 살아가는 이들은 그리 많지 않은 듯하다. 이 책은 진리를 통해서 알게 된 인생의 목적을 말한 책이다.

선용이라는 단어는 익숙하지 않고 잘 사용하지 않기 때문에 얼핏 생각하면 그것이 그렇게 중요한가 라고 생각할 수도 있다.

하지만 그렇지 않다. 선용만큼 중요하고 귀중한 것은 세상에 없다. 선용은 이생과 내세에 생명을 주기 때문이다. 나는 선용에 대해서 묻는 자에게 "선용은 한마디로 본질적 교회이다!" 라고 말하고 싶다. 이 부분에 대해서는 책을 읽다보면 알게 될 것이다.

또한 나는 선용이 삶의 목적이 되어야할 만큼 중요하다는 사실을 깨닫게 되면서 내 자신이 선용을 잊어버리고 살았다는 사실이 후회스러웠다.

나는 하나님은 선용을 통해서 생명을 공급하시고 계신다는 것을 알게되었다. 내게 "그거야 당연한 것 아닌가요?" 하고 말하실 분들이 있을 것이다. 그러나 일생을 돌이켜 보면 과연 내가 선용하면서 살아왔나? 의문이 들지 않을 수가 없다. 오랫동안 주를 섬긴다고 하면서도 이제야 보화를 발견했기 때문이다.

그러면서 내게 드는 생각은 성경에 "좁은 길로 걸어가라 그 길은 찾는 이가 적다"고 했는데 왜 찾는 이가 적을까? 힘들어서? 힘든 길만 일부러 찾아다니는 취미를 가진 자들도 많다. 위험한 바위를 로프도 없이 맨손으로 올라가는 분들을 보라! 힘들어서가 아니다. 그렇다면 왜 천국가는 길인데 찾는 이가 없을까?

그 이유는 찾을 수 있는 눈이 없기 때문이다. 눈은 뜨고 있지만 지혜의 눈이 열리지 않았기 때문이다.

진리의 지각이 열리지 않으면 진리를 보지 못하고 있으면서도 전혀 느껴지지 않는다.

어쨌든 이렇게 중요한 가치를 모르고 살아온 것이 후회스럽기만 하다. 하기는 선용이라는 단어를 몰라도 선용을 실천했던 일도 있었을 거라고 스스로 자위 하지만 그것은 변명에 지나지 않는다. 좀 더 명확하고 뚜렷하게 선용을 알고 삶의 제일의 목표로 삼았더라면 하는 마음이다.

이 글을 읽는 분 중에는 선용을 습관처럼 하여서 이미 몸에 익숙하게 젖은 분들도 있을 것이다. 나는 그분들을 천사라고 부르고 싶다. 이 책을 읽는 분들에게 나와같이 늦게 깨닫지 말고 하루라도 빨리 선용의 가치를 알고 삶의 목표를 세우시기를 바란다.

두번째로 나는 선용이 무엇인가요? 하고 묻는 이에게 한마디로 기독교의 황금률이라고 말하겠다. 주께서 하신 말씀 중에 "남에게 대접받고자 하는 대로 먼저 남을 대접하라"는 말씀이 있다. 이것을 선용이라고 말하고 싶다. 선용은 반드시 되돌아오기 때문이다.

선용은 인생 모든 부분에 해당된다. 어느 영역이고 해당되지 않는 분야가 없다. 그것은 우리 몸에 반드시 있어야 하는 피와 같다. 피가 잘 순환되고 깨끗해야만 몸의 건강을 유지하는 것처럼 선용은 영혼에 생명을 공급해 주는 중요한 요소이다.

선용은 모든 분야에 걸쳐 우리가 가져야 할 목적이고 세밀한 부분에 이르기까지 실천해야할 일이다.

개별적으로 선용이 없으면 천국에 들어가야할 생명이 없다. 천국은 생명있는 자들의 모임이고 그런 자들이 들어갈 수 있는 곳인데 생명없이 어떻게 그 나라에 들어갈 수 있겠는가?

생명은 천국에서 오는 것이고 천국의 것을 받기 위해서는 선용을 해야 받을 수 있다. 왜냐하면 선용은 진리 실천이기 때문이다.

고로 아무리 천국의 생명을 받고 싶어도 선용이 없으면 받을 수 있는 그릇이 없는 것과 같다.

선용이 없으면 나침판이 없는 배와 같이 길을 찾지 못하고 자기 만족에만 뱅뱅도는 인생이 되고 만다. 선용없는 인간은 그럴 수 밖에 없다. 그런 인생을 보았는가? 아마 주변에서 어렵지 않게 찾을 수 있을 것이다.

그들도 어려서는 바르게 살아보고자 했던 시절이 있었고 나름 대로 공부하고 생각에 골몰했던 흔적이 있었을 것이다. 하지만 선용없이 살다보니 길을 잃어버리고 자기 만족에 푹 빠지고 말 았다. 자기 만족의 증거는 술과 놀이감이다. 그것이 그들의 삶 의 대부분을 차지하고 말았다.

 오히려 나같이 부족한 자보다 훨씬 많은 노력을 기울였는데 선 용의 가치를 모르고 살다보니 자기 만족의 삶의 패턴에 길들여 져서 자신도 모르게 생명을 잃어버리고 만 것이다.

 이처럼 선용의 삶과 그렇지 못한 삶의 간격이 삶의 방향에서 현격하게 차이가 난다는 점이 놀랍기만 하다.

 그나마 다행인 것은 나는 성경을 가지고 있고 설교를 들으면 서 살아왔고 기도하면서 살아온 것이 그나마 이 정도만큼 선용 의 의지를 갖게 되었다. 이런 기회마저도 없었다면 지금쯤 어 찌 되었을까?

 또 선용하지 않아도 구원 받을 수 있다고 주장하면서 타인의 생명까지 갉아 먹는 자들이 또 얼마나 많은가?

 나는 오늘날 종교인들을 보면서 자기들이 무슨 조선 시대 벼슬 아치라도 되는 듯 의시대는 모습을 보면서 우습기도 하고 측은 한 마음이 들기도 한다. 아마 조선 시대 관리들 중에도 선용하 고자 하는 선비들은 극소수였을 것이다.

 나는 자녀들에게 "네가 무슨 일을 하든지 선용의 목표를 가진 다면 현세와 내세의 삶이 달라질 것이다"고 강조하고 싶다.

나는 선용을 배우면서 선용은 인생 나침판이라고 생각되었다. 나침판은 목적지까지 안내해 주지는 않지만 방향을 가르쳐 준다. 그래서 그 방향대로 찾아가면 적어도 길을 잃어 버리지는 않는다. 그래서 나는 책의 표지에 나침판을 실었다.

이 땅에 태어나서 하늘이 가르쳐주는 목적지에 대한 방향 표시가 선용이다. 나침판이 제시하는 대로 가다보면 길을 잃어버리지 않고 간혹 구덩이에 빠지더라도 결국은 구덩이에서 벗어나게 된다.

또한 이 책에서 우주 만물의 근본 원리 즉, 동식물의 선용의 원리를 기록했다.

세상이 얼마나 복잡하고 어수선한가? 세상 뉴스는 온통 이간질과 정죄와 잘못을 후벼파는 일에 골돌하고 있다. 모두 하나같이 권력 싸움에 바쁘다. 대중앞에서는 미소를 짓지만 뻔뻔하고 욕심이 가득하고 분노에 쩌들어 있다. 그러면서도 그렇게 밖에 할 수없는 이유를 달고 있다. 현실적으로는 악용하면서 핑계와 변명을 앞세운다. 더구나 피해자 코스프레를 하면서 마치 억울하다는 듯이 눈물까지 흘린다. 이런 식으로 인생을 산다는 것은 우주 만물의 원리에 어긋난 인생을 사는 것이다. 이 책은 우주 만물에 있는 동물, 식물, 광물에 이르기까지 존재 목적부터 설명하고 있다.

만물에는 반드시 목적이 있고 그 목적을 통해서 자연이 존재하고 생성된다. 만유인력 원리를 발견한 존 뉴턴은 나타난 현상에 대해서 그 원인와 결과의 원리를 밝혀서 인류 역사에 획기적인 문명 발전을 이루었다. 그러나 그가 도외시한 것이 있다.

그것은 목적이다. 그는 원인과 결과의 상관 관계에 대해서는 연구했지만 그 전에 목적은 찾지 못했다.

우주 만물에는 목적, 원인, 결과가 순차적으로 운행하고 있음을 알지 못했던 것이다. 목적은 보이지 않기 때문에 알 수가 없다. 이 책에서는 그 관계를 밝히고 있다.

이 책은 진정 인생 삶에서 가장 필요한 것이 무엇인지를 말하고 있다. 그것은 선용이다.

선용이 인간에게 가장 필요한 이유는 천국의 생명을 얻는 길이기 때문이다. 즉, 선용하는 자가 천국에 도달하기 때문이다. 이렇게 말하면 믿음으로 구원을 얻는 것이지 선용은 행위같은 데 어떻게 천국에 들어가는가? 라고 말하는 이들이 있을 것이다.

그러나 알 것은 선용속에 믿음이 들어 있다. 믿음에 선용이 없다면 그것은 죽은 믿음에 불과하다. 이 책은 그 이유를 설명하고 있다.

어떤 행위의 결과 속에는 의지와 이해가 함께 들어 있는 것이다. 이 세가지가 없는 행위는 존재하지 않는다. 고로 믿음속에는 의지가 들어있고 그 결과가 행위로 나타난다. 믿음만 별도로 놓거나 의지만 별도로 놓거나 행위만 별도로 계산할 수가 없고 이 셋은 결과로 함께 존재한다.

누구든지 신실한 믿음을 가지고 있다면 그 믿음속에는 하나님의 뜻이 담겨져 있고 선용의 결과가 반드시 주어진다. 고로 선용은 믿음의 바로미터이다.

또한 이 책은 선용과 종교를 설명한다.

인간이 죽음을 맞이하고 저세상에서 본질이 드러나게 될 때의 문제이다. 본질이 나타날 때는 성경 말씀대로 쌓은 선에서 선이 나오고 쌓은 악에서 악이 드러난다고 했는데 과연 무엇이 나올 것인가?

천국은 선한 나라이고 주께서 선하신 분이시고 선한 천사들이 있는 곳이다. 그리고 그곳의 백성들은 모두 선한 존재들이다. 천국은 선한 의지를 가진 자들이 모인 곳이다.

나는 이 책에서 선악의 상태에 따라 등차가 있다는 것을 말했다. 이는 마치 컴퓨터에 있는 바탕 화면처럼 인간에게는 바탕이 존재한다. 세상에서 그의 행한 일에 따라 결정된 바탕이다.

그래서 성경은 선악 간에 행한 대로 심판받는다고 하였다.

이 말씀을 그냥 흘려 보낼 수가 없다. 그렇다면 선과 악의 상태가 존재한다는 말인데 나는 어떤 상태인가 하는 점이다.

그리고 이 상태는 세상에서 행한 대로 즉, 선용과 악용의 수준에 따른 상태이다. 선용자의 바탕과 악용자의 바탕이 다르다.

마지막으로 이 책에서 말하는 선용은 인간의 힘으로 불가능하다는 사실이다. 천성적으로 인정이 많거나 마음이 약해서 혹은 체면 때문에 선용할 수는 있으나 그것은 자기를 내세우는 것이기 때문에 본질적 의미의 선용이라고 말할 수가 없다.

결국 선용은 사람이 하는 것같지만 천국으로부터 흘러 들어와야 한다. 마음에 천국으로부터 사랑과 지혜가 들어와서 선용을 하는 것이다. 왜냐하면 선용에는 목적이 있고 그 목적은 하나님이 주관하시기 때문이다. 인간의 치밀한 계산은 선용이 아니고 자기를 내세우는 수단에 불과하다.

선용에는 하나님의 목적이 있기 때문에 사람이 하는 일이 아니다. 인간 스스로의 능력으로 선용하는 것이 아니다.

선용 자체가 천국의 것이다. 그러니까 사랑의 목적, 지혜의 원인, 선용의 결과가 하나가 되어 천국의 기운이 지구상에 흐르고 있다. 정말 말만 들어도 가슴 뿌듯하고 놀라운 일이다.

나는 선용이 하늘의 것이라는 사실을 알고서 이런 생각이 들었다. "그렇다! 인간이 이 땅에서 선용을 실천하는 것이 하나님의 일이라고 해야만이 그 일이 생명이 되고 천국의 요소가 되는 것이지 인간이 일이라면 어찌 생명이 되겠는가?"

이런 생각이 나의 가슴을 더욱 방망이질 한다.

아! 이제부터 교회 안에서 사회에서 혹은 마트에서 천사의 권고를 받고 선용하는 자를 만나고 싶다.

나는 이 책을 선용의 가치를 더 깊이 이해하고자 하는 분들에게 나누고 싶다. 부족하지만 선용의 가치를 나누고 싶어서 책으로 낸다.

2022년 7월13일

김홍찬(Ph.D)

서문

목차

제1장
선용이란

선용의 정의

선용에 대한 국어 사전적 의미는 "선을 위한 쓰임의 목적에 어울리는 동기를 가지고 있는 마음가짐이나 행위를 말한다."

한자로 선용(善用)을 해석하면 '양이 풀을 입에 먹는 모습'이다. 일반적으로 양이 풀을 먹는 것과 우리가 알고있는 선과 무슨 상관이 있기에 한자 모양이 그렇게 그려졌을까? 의문을 가질 수도 있다.

하지만 성경을 이해하면 그 의미를 알 수 있다. 성경에서는 양은 선을 상징하고 양이 풀을 뜯는 광경은 하나님께서 영혼의 양식을 먹이시는 것을 의미한다. 성경에는 하나님이 목자가 되셔서 양을 푸른 초장과 쉴만한 물가로 인도하신다고 표현한다.

그런 면에서 한자에서 선용(善用)을 "선한 일에 쓰여지는 것"은 아마도 고대 중국인들도 양이 선을 의미함을 알고 있기 때문에 선(善)을 그런 의미로 지었을 거라고 여겨진다.

선용은 삶의 모든 일에 있어서 좋은 방향으로 나가는 마음가

짐과 행동을 말한다.

 고로 선용은 선한 목적을 위한 기능, 쓸모있는 활동의 의미를 갖고 있다. 이 말속에는 타인을 위한 섬김을 내포하고 있다.

 반대로 악용은 악한 목적을 위한 쓰임새를 말한다. 나쁜 일에 사용되거나 알맞지 않게 쓰여지는 것을 말한다.

 이처럼 선용과 악용은 서로 반대되는 용어이고 서로 합칠 수 없는 상황을 말하고 있다.

 선용을 위해서는 다음 세 가지 원리가 동원된다. 즉, 목적, 원인, 결과이다. 첫째로 목적이 존재하고 그 다음은 원인이고 그 다음에 결과이다. 이것은 선용을 이루기 위한 원리이다.

 자연 만물에는 목적, 원인, 결과의 원리가 존재한다.

 자연 만물이 존재하는 목적이 있고 이를 위해 태양의 빛과 열기가 비취고 그 결과 자연은 쉬임없이 성장과 소멸을 반복한다.

 이 원리는 인간에게도 적용된다. 즉, 하나님은 인간을 행복하게 하기 위한 목적을 가지고 계셨다. 그를 위해서 인간 영혼에 생명을 주셨다. 인간이 의지를 가지고 진리를 선택하면 영생을 누리며 살 수 있도록 하셨다.

 부모는 자녀에 대한 기대와 목적을 가지고 다양한 양육 방식을 동원한다. 그 결과 아이는 건강한 사회인이 된다.

 이 원리는 개인적으로도 주어진다. 운동 선수가 되고자 하는 목적을 가지고 열심히 노력을 한다면 그에 따른 결과가 나타난다.

인간이 세상에 살아가는 방식에는 세가지 원리가 존재한다.

사랑의 목적과 인애의 원인, 선용의 결과이다. 하나님은 인간을 섭리하시는 목적이 있고 의지와 이해가 작동하는 인애가 있으며 그 결과 선용이 이루어진다는 뜻이다.

모든 개인이 하나하나 이런 원리속에서 살아가도록 하셨다. 하나님이 인간을 이끄시는 방법이다.

이 말의 의미는 사랑과 인애가 없으면 선용이 존재할 수 없다. 그런 면에서 사랑은 가장 내적인 목적을 구성한다.

선용이 인간 내면에 만들어지는 과정은 다음과 같다.

첫째, 주께서 선을 공급해 주신다. 둘째, 선이 인간의 이해력 안에 들어온다. 셋째, 이해력을 통해서 의지가 작동하여 선용한다. 이 과정이 선용이 인간 내면에 들어오는 과정이다.

결국 하나님께서는 인간에게 선을 주시고 삶에서 선용으로 발전하게 하심으로 그 나라의 생명을 얻도록 하셨다. 고로 주께서 함께 하시는 증거는 선용이 삶에서 나타나는 것이다.

선이란 무엇인가?

선용을 제대로 알기 위해서는 선이 무엇인지를 먼저 이해해야 한다. 사람들은 본질적인 선이 무엇인지 모르고 있다.

왜냐하면 인간들은 오로지 자신과 세상에만 관심을 두고 살기 때문이다. 그들은 선에 대해서 말하기를 윤리, 도덕적 기준에 맞으면 선이라고 말한다.

하지만 도덕적 기준은 지역과 시대마다 바뀌는 것이다. 여기서 말하는 선은 절대적 선이다. 시대와 관계없고 지역과 상관없는 선이다. 심지어 저세상에 가더라도 변하지 않는 절대적 가치로서의 선이다.

고대 그리이스 철학자들은 지상의 세계보다 이데아(Idea)의 세계가 본질적 세계라고 이해하였다. 그들은 이데아의 세계를 꿈꾸고 그리워했다. 플라톤은 존재의 원형을 이데아로 보았는데, 이데아는 질서의 원천과 목적이며 최고 인식의 내용이 된다고 하였다. 그리고 모든 이데아 중의 최고의 이데아는 선의 이데아라고 했다. 그들이 말하는 선도 절대적 선을 말한다.

소크라테스는 선한 사람에게는 이승에서나 저승에서 악이 발생하지 않는다고 말했다.

그러면 성경에서 말하는 선은 무엇인가?

주께서는 하나님 한분 외에는 선한 이가 없다고 말씀하였다. 그리고 말씀하시기를 "나는 길이요 진리이다"라고 말씀하시면서 악의 세력과 싸우셨다.

그분이 지상에서 하신 일은 모두 선을 위한 삶이었다. 그분이 걸으신 십자가의 길이란 선한 길을 의미한다.

우리는 그분의 모든 삶과 말씀을 종합해서 볼 때 선에 대해서 몇가지 입장을 찾아낼 수 있다.

첫째, 사랑이 아니면 어떤 선도 존재하지 않는다.

둘째, 마음 안에 있는 사랑과 진리가 순수할수록 더욱 선하다.

셋째, 개인마다 선의 질적 수준이 다르다.

넷째, 진리는 사랑의 형체이다.

목적, 원인, 결과의 원리

목적, 원인, 결과를 보면 목적은 첫 번째 자리를 차지한다.

원인은 둘째이고 결과는 마지막이다. 이렇게 순차적으로 원리가 발전한다. 이는 양파 껍질 안에 내용물이 겹겹이 들어있는 것처럼 결과 안에 원인이 있고 원인 안에 목적이 있다.

큰 틀에서 볼 때 하나의 결과 속에는 원인과 목적이 함께 있으면서 동시적으로 존재한다.

이를 구체적으로 인간의 행동에 적용하여 목적, 원인, 결과로 구분하여 말할 수 있다.

인간에게는 뜻, 생각, 행동이 있다. 뜻이 가장 먼저 있고 그 다음에는 생각이 있으며 마지막에는 행동의 결과가 있다.

고로 하나의 행동에는 뜻과 생각이 존재한다. 이는 시간적으로 동시적인 것처럼 보인다. 하지만 내적으로는 목적과 원인이 들어 있다. 그러니까 행동의 결과 안에는 생각과 뜻이 들어 있다.

우리는 다만 외적으로 인간의 행위를 보고 판단할 수밖에 없다. 하지만 아주 미세한 행위라도 그 속에는 목적과 원인이 함께 내재한다.

이는 마치 정신이 신체 안에 들어있는 것과 같다. 정신 홀로 존재할 수 없고 신체 또한 정신이 없으면 송장에 불과하다. 둘이 함께할 때만이 인간이 살아있다고 말할 수 있다.

이를 분류해서 보면, 마음에는 생각과 의지가 있고 그것이 표출될 때 행동으로 나타난다. 이 세가지는 동시적으로 드러난다. 예컨대, 먹고자 하는 의지가 있으면 식당을 찾아서 밥을 먹어야 한다는 생각이 들고 실제적으로 식당에 들어가는 행동을 하게 된다. 이처럼 인간의 모든 삶에는 목적, 원인, 결과가 작동하고 있음을 이해해야 한다.

다음은 자신을 희생하면서 선용했던 이들을 살펴보았다.

오스카 쉰들러(Oskar Schindler)의 선용

제2차 세계대전 당시에 독일이 폴란드를 침공했다. 이때 쉰들러는 돈을 벌기위해 군수 공장을 차렸다. 당시 유대인들은 강제 노동을 해서라도 목숨을 부지해야만 했다. 쉰들러는 자신이 독일 나치당인 것을 이용해서 어린이나 여성, 대학생들을 금속공으로 일을 시키면서 신변을 보호하기 시작했다.

쉰들러는 유대인을 우대하였다는 혐의로 독일 비밀경찰 게슈타포에게 조사를 받기도 하였지만 돈, 보석, 예술 작품 등을 뇌물로 바쳐 이를 무마시켰다. 1944년에 소련군의 진군으로 수용소가 부족해지자 많은 유대인들이 아우슈비츠로 이송되기 시작했다. 쉰들러는 약 1,100여 명에 달하는 유대인의 목록을 작성하여 자신의 고향 스비타비 지방에 군수 공장을 세우고는 유대인들을 이곳으로 빼돌렸다.

이런 식으로 약 1,200명을 구해냈는데, 행정 착오로 목록에 있던 여성 유대인 근로자들이 아우슈비츠로 이송되자 이들을 다시 데려오기까지 하였다.

그리고 아우슈비츠에서 약 150명 정도의 남성을 추가로 구출했다. 그는 그간 벌었던 자신의 모든 재산을 소모해 가며 약 7개월간 이들을 보호했다. 본래 그는 돈을 벌기 위한 목적이었으나 수백만 마르크에 달하던 자신의 모든 재산을 모두 유대인들의 생명을 구출하는 데 소모했다.

아펜젤러(Henry Gehard Appenzeller)의 선용

아펜젤러를 태운 배가 서천 근해에 도착했다. 그런데 선박이 충돌해서 이화학당의 여학생 두 명이 바다에 빠졌다.

아펜젤러는 여학생들을 구출하기 위해 바다에 뛰어들었다. 그리고 그들에게 구명 조끼를 벗어주고 자신은 44살의 나이에 목숨을 잃었다.

어느 병사의 선용

2차 세계대전 일본군은 영국군 포로를 동원해서 태국 콰이강에 다리를 만들었다. 그러던 어느 날 일본군은 중요한 장비를 잃어버렸다. 일본군은 영국군 포로들이 작업을 방해하기 위해 장비를 숨겼다고 생각했다. 그래서 포로들을 연병장에 집합시켜 놓고는 총부리를 들이대고 소리를 질렀다.

"장비를 숨긴 자는 자수하라. 만일 셋을 셀 때까지 자수하지 않으면 모두가 총살이다." 하나 둘 셋을 외치려는 순간, 한 병사가 앞으로 나서며 "내가 숨겼습니다. 강물에 던져버렸습니다"고 말했다.

순간 즉석에서 총성이 울렸고 그 포로는 피를 흘리며 쓰러져 죽었다. 며칠이 지나서 일본군 창고에서 그 장비가 발견되었다. 그는 동료를 대신하여 희생을 치른 것이다.

썬다 싱(Sundasing)의 선용

어느 추운 겨울 날 썬다 싱은 친구와 함께 히말리아 산을 넘고 있었다. 길을 걷다가 어느 한 사람이 쓰러져 죽어가고 있었다.

같이 가던 친구는 한 걸음이라고 빨리 가야만 눈 보라를 피할 수 있다고 말하면서 모른 체하고 혼자 가버리고 말았다.

썬다싱은 그를 등에 엎고서 힘들게 산을 올라갔다. 한 참을 걷다보니 먼저 간 친구는 길에 쓰러져 얼어 죽어 있었다. 그리고 등에 따뜻한 온기가 느껴졌고 엎혀있던 사람이 살아났다.

썬다싱이 쓰러질 때 그가 썬다싱을 부축여서 오히려 썬다싱은 엎혀있던 이로 인해 살게 되었다.

선용은 창조의 목적이다

 톨스토이는 인생의 참된 목적은 영원한 생명을 깨닫는데 있다고 했다. 하나님께서 인간을 창조하신 목적은 인간을 완전케 하고 행복한 삶을 누리도록 하기 위함이다. 하나님은 자기의 형상을 따라 창조된 인간 안에 거주하시면서 행복의 상태에 이르기를 원하셨다. 고로 사람의 마음속에 하나님이 거하신다. 하나님이 사람의 마음 속에 거하심은 하나님의 생명이 사람에게 있다는 뜻이다. 이것이 교회이다.

 하나님이 교회 안에 오심은 그 속에 진리가 있기 때문이다. 그 진리를 실천하도록 하기 위함이다. 그것이 선용이다.

 그렇지 않다면 주의 처소가 될 수 없다. 그 대표적인 케이스가 유대인이다. 주께서 세상에 오셨을 때 유대인들은 그분을 알아보지 못했다. 그들은 진리를 받고자 하는 의도가 없었으며 진리를 알아볼만한 이해력도 둔했다. 이렇게 된 이유는 그들에게 위선이 가득했기 때문이다. 그들은 선민 의식을 가지고 율법을 자기 중심적으로 이용하였다.

율법은 있었지만 정신은 없었다.

그들은 진리의 껍데기를 가지고 외식하였다. 그 속에 참 진리는 없었다. 이로인해 결국 유대 교회는 문을 닫고 말았다.

그렇다면 오늘날의 위선은 무엇인가?

지식인이 학문을 연구하지 않고 졸업장이나 학위를 가지고 지식 있는 체 한다면 그것은 위선이다.

종교인이 교회 조직에 맞게 대인 관계와 처신은 잘하지만 하나님 사랑과 이웃사랑이 없다면 위선이다.

국가와 국민을 위한 헌신의 의도가 없으면서 이슈를 만들어내어 정권 잡기에 골몰한 정치인은 위선이다.

이 모두가 본질을 잃어버린 위선이다.

본래 하나님께서 인간을 창조하실 때 어떤 모습이었는가?

우리는 하나님이 만드신 인간 본연의 모습을 간직한 이들을 태고인이라고 부른다. 그들의 모습은 순수했다.

"아담과 하와가 벌거벗었으나 부끄럽지 아니하였다"고 했다. 이 말은 태고인들은 순수한 의도를 가지고 있었음을 의미한다. 본래 하나님은 이런 인간을 창조하셨다.

그렇게 창조된 인간이 본래의 모습을 유지하지 못하고 죄로 인해 변질되고 만 것이다. 고로 죄짓기 전의 태고적 인간으로 되돌아가는 것이 우리의 목표가 되어야 한다.

선용을 생산하는 능력

자연 만물에 있는 선용

선용은 삼라만상에서 그 형체를 취한다. 식물이 꽃을 피우고 열매를 맺는 것이 선용이고 동물이 짝짓기를 통해 새끼를 생산하는 것이 선용이다. 또한 사람도 결혼을 통해 자녀를 생산하고 양육하는 것이 선용이다.

태양은 빛과 열기를 비침으로 식물과 결합하여 탄소동화 작용을 일으키고 동물은 살아 움직이고 번식하도록 한다.

여기서 태양, 공기, 만물은 선용을 위한 수단이다. 태양의 빛과 열기가 자연과 결합하는 원리는 인간 마음속에 하나님의 사랑과 지혜가 들어오는 것과 같다.

이로 인해 인간이 존재하기 때문이다. 이런 과정을 거쳐 선용이 이루어진다.

자손 번식

자연의 동, 식물이 번성하는 것은 씨에 의해서이다.

동물은 암컷과 수컷의 짝짓기를 통해 씨를 착상시켜 새끼를 낳는다. 식물은 수컷의 화분이 암술머리와 결합하므로 수정이 되어 씨를 퍼트린다. 그리고 땅속의 씨앗이 햇빛을 받아서 발아를 한다.

인간은 남자의 정자가 여자의 자궁에 착상하여 임신이 되고 자녀를 출산하여 자녀를 출산한다.

인간과 동식물의 이런 생식 능력은 선용의 능력이다. 즉, 암컷과 수컷, 남자와 여자가 결합하여 선용의 형체를 생성한다.

에너지 공급

인간은 어디에서 육체적 힘을 얻는가? 인간은 고기나 채소를 먹음으로 영양 보충을 하여 힘을 얻는다.

동물은 자신의 몸을 다른 동물에게 내어주고 식물은 열매를 통해 인류와 동물이 살아가도록 내어주므로 에너지를 공급하고 있다. 이런 식으로 동물과 식물은 에너지를 공급함으로 선용을 하고 있다.

자연에는 에너지 공급의 순환 과정이 존재한다.

식물의 열매를 동물이 섭취하고 죽으면 다른 동물의 먹이감이 되거나 땅의 거름이 된다. 그것은 식물이 살아가는데 필요한 영양분이다. 그것을 먹고 성장한 나무의 열매를 새나 동물들이 먹으며 살아간다.

이런 순환 작용은 인간에게도 적용된다. 영혼이 세상에서 삶을 마치고 본향으로 되돌아가는 것과 같다. 마치 연어가 멀리 바다에 나갔다가 다시 고향의 냇가로 되돌아오는 원리이다.

진정한 선용

진정한 선용이란 자신에게 돌아올 이익이나 보상을 계산하지 않고 선행하는 것을 말한다.

첫째로 진정한 선용을 하는 자는 세상에서 자신이 소유한 모든 것은 선용을 위한 수단이 된다.

결코 자기 것이라고 여기지 않는다.

그에게 돈과 재물은 선용을 위한 수단으로 봉사할 뿐이다. 그는 생각하기를 자신이 높은 위치에 있는 것은 선용하라고 주께서 앉혀 주신 것으로 받아 들인다. 그에게 건강은 주께서 남에게 봉사하기 위한 것으로 이해한다. 이렇게 자신에게 주어진 모든 것은 선용을 위해 주어진 것으로 믿고 사용한다.

두번째는 꾸준하게 선용하는 자이다.

등산 가이드는 초보 등산객에게 천천히 꾸준하게 걸으라고 말한다. 빨리 걷지도 말고 너무 쉬지도 말라는 말이다.

진정 중요한 것은 선용하고자 하는 의도이다.

만물 안에 있는 선용

만물은 제일 존재로부터 시작해서 다양한 형체에 이르기까지 선용이 진전되는 과정을 보여준다. 자연 만물의 질서는 선용을 통해서 순환 과정이 진행된다.

고로 동식물 속에 내재된 선용은 창조 이미지를 갖고 있다. 다시 말해서 선용은 천국에서 시작되어 삶의 현장에 쓰여지고 그리고 천국으로 복귀한다.

천국에서 시작되었다고 말하는 이유는 선의 본질되시는 분이 하나님이시기 때문이다. 또 땅위에서 쓰임을 이루다가 다시 천국으로 되돌아 온다는 말은 하나님은 선용하는 자에게 생명을 주셔서 천국의 기쁨을 누리게 하시기 때문이다. 이는 선용의 회귀 작업이다. 이렇게 선용은 보이지 않는 세계에서 시작되어 자연계에 이르고 또 다시 사람을 통해서 하나님께 올리워진다. 이렇게 해서 만물이 창조주에게 되돌아가는 것이다.

창조 이미지

하나님의 창조 이미지는 선용이다.

꽃은 다양한 모양과 색깔을 가지고 아름다움과 향기를 드러낸다. 이는 인간과 자연에게 주는 꽃의 선용이다.

땅속에 있는 씨는 썩으면서 씨눈이 트여지고 발아하면서 성장한다. 그리고는 많은 열매를 맺는다. 이것이 선용이다.

추운 겨울에 나무는 얼어버린 듯이 보이지만 봄철이 되어서 새순이 올라오고 여름이 되면 온 산에 푸른 색의 잎사귀가 가득하여 인간에게는 목재를 제공해주고 동물에게 비를 피할 곳과 버섯과 같은 식물이 자라도록 그늘을 제공한다.

이처럼 산과 들에는 창조 이미지와 선용이 가득하다.

동물의 형체속에는 선용이 들어있다. 동물의 형체는 환경과 토양에 적응하며 살도록 되어 있다. 더운 지방에서 살아가는 동물이 있는가하면 추운 북극에서 두꺼운 털 가죽을 입고 살아가는 동물이 있다.

이렇게 환경에 따라 동물들의 형체가 주어진 것은 적응하게 하시는 주의 보살핌이고 선용이다.

동물은 어미가 되면 짝짓기를 통해 새끼를 생산한다. 본능적으로 짝짓기의 기운이 각 동물에게 작동하고 있다. 그 기운이 없이는 짝짓기나 교미가 불가능하다. 동물속에 내재한 짝짓기의 본능은 창조 이미지를 실현하고자 하는 선용이다.

이는 사람에게도 내재해 있다. 사람은 성인이 되면서 남자가 여자를 사모하거나 여자가 남자를 그리워하는 마음이 형성된다. 그렇게 남녀가 사랑을 하게 되면서 부부가 되어 자녀를 생산하고 양육한다. 이는 보이지 않게 서로를 끌어 당기는 기운이 작동되기 때문이다. 이는 남녀간의 선용을 위한 창조 이미지이다.

형체 안에 있는 무한 영원의 이미지

형체마다 선용이 내재해 있다. 자연 만물에는 수많은 종과 류가 있다. 수를 셀 수 없을 정도의 다양한 형체가 있다. 어느 것 하나도 같은 게 없다.

예컨대, 사람의 얼굴도 똑같은 것이 없다. 얼굴은 마음을 드러내고 있는데, 세상에 같은 마음은 영원히 존재하지 않음을 보여준다. 각각의 형체마다 선용이 내재해 있다.

나무의 형체 속에는 선용이 내재해 있다. 한 알의 씨앗이 큰 나무가 되어 수만 개의 종자를 땅에 뿌려서 번식을 진행한다. 이는 번식의 순환 과정이다. 종자로 인한 번식은 자연 만물이 생긴 이래 지금까지 해를 거듭할수록 계속된다. 앞으로도 계속 진행될 것이다. 이런 과정을 볼 때 영원 무한하신 하나님이 자연 만물을 다스리시고 계시다는 것을 증명한다.

번식의 힘은 자연 자체의 힘이 아니라 그 안에 보이지 않는 생명력의 기운이 작동하고 있기 때문이다. 생명력은 하나님의 목적을 위해 존재하는 원인이다.

사람 안에 있는 두가지 기능

마음은 의지와 이해로 구성되어 있으며 그 중에 핵심은 의지이다. 이해는 단지 아는 것이지만 의지는 아는 것을 실천한다. 고로 의지는 그 사람 자체를 말한다.

의지는 선을 수용하고 이해는 진리를 수용한다. 하나님은 의지가 선을 목적하고 이해는 진리를 목적하도록 만드셨다. 하나님이 주신 의지와 이해를 더럽힌다면 이는 창조에 대한 신성 모독이다.

첫째, 참된 것과 선한 것을 이해하는 기능이다.

이는 알고 깨닫는 기능이다. 우리가 진리에 대해서 심사숙고하면 깨달음을 얻는다.

우리는 문득 생각이 떠오른다는 말을 쓸 때가 있다. 이는 수면에 있던 생각이 떠오름을 의미한다. 떠오른 생각을 가지고 행동하는 것은 의지가 목적에 도달함을 의미한다.

깨달음을 얻게 되었을 때는 희열을 느끼고 "아하! 이런 뜻이 있었구나! 말씀 속에 이런 의미가 들어 있었구나"하고 감격한다.

이런 깨달음은 그에게 생명을 불어넣는 작업이다. 그가 의미를 깨닫는 순간 이제는 문자가 아니라 생명이 된다.

이렇게 분별하고 파악하는 능력을 합리성이라고 한다. 합리성은 선용을 목적할 때 생명을 갖는다. 합리성은 사람답게 만드는데 아주 중요하다.

둘째, 참된 것과 선한 것을 행하는 기능이다.

인간에게는 뜻을 행하는 능력이 있다. 이 기능은 의지적 기능이다. 의지는 이해의 영향을 받아서 움직인다.

사람이 동물과 구별되는 것은 이해와 의지 기능 때문이다.

주께서는 그가 선하든지 악하든지 그가 어떠하든지 간에 두 기능 안에 현존하신다. 이것은 마음 안에 있는 주의 거처이다.

이 기능으로 인해 인간은 저세상에서 영원히 존재한다.

이해는 진리의 지각으로 개발되며 의지는 선의 애착으로 개발된다. 인간은 이 두 가지를 가지고 진리와 거짓, 선과 악을 습득한다. 이 기능들은 영원히 제거될 수 없다.

태양으로부터 빛과 열기가 자연에 비치듯이 보이지 않는 세계로부터 영향력이 이해와 의지에 미친다.

육체는 이런 것을 담아내는 외적인 형체에 불과하다.

쓰임과 형체

사물의 형체는 쓰임의 용도에 따라 주어졌다. 형체가 아주 복잡한 것도 있지만 간단한 것도 있다.

하나의 형체가 형성되기 위해서는 먼저 쓰임을 위한 목적이 필요하다. 형체가 있기 전에 먼저 쓰임이 존재한다. 이는 쓰임이 형체를 만든다는 말이다. 쓰임의 필요가 있은 후에 그것을 위해 방법을 동원하여 형체를 만들어낸다. 쓰임은 형체에게 명령한다. 그러면 형체는 그 쓰임에 맞게 움직인다.

마치 어린아이들이 찰흙을 가지고 무엇을 만들 것인지를 생각하고 결정되면 손으로 작업하는 것과 같다.

인간의 행동이 이와 같다. 먼저 어떤 목적을 결정하면 이렇게 할까 저렇게 할까 아니면 동으로 갈까 서쪽으로 갈까 하고 생각한다. 생각이 따라 팔과 다리가 협력하여 움직인다.

즉, 보이지 않는 것이 먼저 있은 후에 보이는 행동이 주어진다. 쓰임이 먼저 존재함을 보여준다. 형체를 좌우하는 것은 바로 쓰고자 하는 목적이다. 선용을 위해서는 목적이 먼저 존재하고 그를 위해 원인이 있으며 그에 맞게 결과가 주어진다.

신체의 경우도 동일하다. 인간이 살기 위해서는 호흡이 필요하다. 적절한 호흡을 위해서 폐의 형체가 있다. 시각을 위해서 시각에 맞는 눈의 형체가 있다. 피를 공급하는 필요를 위해서 피를 공급해주는 심장의 형체가 있다.

몸은 다양한 지체로 구성되어 있다. 각 지체는 목적을 이루기 위해 형체를 가지고 그 일을 수행한다.

목적지가 결정되어 길을 걷고자 할 때 눈의 몫, 팔의 몫, 발의 몫이 있다. 이 모두가 하나의 목적지를 향해 제각기 자기 맡은 일을 수행하면서 협력하여 목표를 향해 걸어간다.

눈은 사물을 응시하고 발은 부지런히 걸어간다. 이것이 어긋나면 위험이 온다. 하나의 목적을 위해 제각기 역할이 필요하다.

쓰임새

선용을 위해서는 미약한 것도 필요하다. 신체의 경우, 몸에 나오는 분비물이나 배설물, 침같은 타액, 담즙도 필요에 의해 나오는 산물이다.

신체 밖으로 버려야할 배설물은 장을 비우고 청소하여 청결을 유지하는 목적을 수행한다. 버려진 똥은 퇴비와 거름으로 사용하여 농작물을 키우기 위해 요긴하게 쓰인다.

이처럼 대수롭지 않게 여기던 것도 각 나름대로 신체 유지를 위해 쓰임을 수행한다.

인간은 한 평생동안 각자 주어진 일에 쓰임을 받으며 살아간다. 사는 날 동안에 쓰여지지 않는 사람은 없다. 선용이든 악용이든 쓰임을 받고 산다.

하지만 쓰임새에 따라 각자에게 나타나는 결과는 다르다.

단순하게 말해서 선용하면서 살았던 자들은 기쁨과 행복을 누리지만 악용을 한 자들은 불안과 두려움이 엄습한다.

첫째, 선용하면 생명의 기쁨과 행복이 주어진다.

어떤 이가 아무런 보답을 기대하지 않고 선용을 했는데 그로인해 좋은 결과가 주어지는 것과 같다.

꽃은 벌에게 꽃의 꿀을 제공해 주었는데 벌의 도움을 받아서 꽃 가루를 옮길 수 있게 되었다. 또한 벌은 꽃 가루를 옮겨주고 꿀을 제공받는다. 동식물 간에 선용하는 관계이다.

가난한 가정의 식구들은 손과 발을 움직여서 농사를 짓거나 노동을 하다가 건강을 얻는다.

선용의 최고의 복은 천국의 생명이다. 선용 그 자체가 선이며 천국의 것이다.

둘째, 악용은 고통의 댓가를 치룬다.

악용하는 자는 타인에 대해 사랑하는 마음이 없다. 자기를 위해 남을 이용하고자 하기 때문에 미움으로 살아간다. 그들이 악용하면 그 결과 악이 남는데 이는 천국에서는 배설물과 같다.

악용자에게 주어진 결과는 지옥이다. 그 나라는 자신이 한 그대로 되돌려 받기 때문이다.

자연의 순환

밀턴은 이렇게 말했다. "자연을 원망하지 말라. 자연은 자기 할 일을 했을 뿐이다. 너는 너의 일을 하라"

동식물은 스스로 생태계를 조절하는 기능을 한다. 우리가 산이나 들에 뱀이 기어 다니는 모습을 보면 소스라치게 놀란다. 만약 뱀을 모두 없애 버린다면 쥐들이 너무 많아져서 오히려 밭 농사에 해가 된다.

사마귀라는 곤충은 수컷과 암컷의 교미가 끝나면 암컷이 수컷을 먹어치워 버린다. 암컷이 수컷을 잡아먹음으로 새끼에게 영양분을 공급한다.

지렁이는 땅속에 살면서 부패한 생물체를 먹는다. 지렁이가 그것을 먹을 때 많은 양의 흙, 모래, 미세한 자갈도 함께 섭취하면서 그것을 내보낸다. 이렇게 해서 땅을 기름지게 만든다.

누에는 입에서 실을 토하여 인간들에게 옷감을 제공한다.

자연은 자기만을 위해 홀로 사는 법이 없다. 땅은 식물이 자라도록 자신을 내어주고 식물의 열매는 새나 인간들이 따먹도록 하고 동물들은 죽어서 다른 짐승이나 인간에게 단백질을 제공한다. 다른 종류에게 도움을 주는데 쓰여진다.

이렇게 해서 자연의 순환이 이루어진다. 이 모두가 선용의 결과이다.

미국의 어느 주에는 매년 폭풍으로 인해 황사 피해가 심했다. 그래서 그 넓은 사막에 돌을 깔았더니 황사 피해가 줄어들었다. 돌 하나하나가 유익하게 쓰여진 것이다.

한 곤충학자가 개미를 대상으로 실험을 했다. 그는 개미들이 집단으로 모여 사는 곳에 나무 젓가락을 넣고는 그곳에 불을 붙였다. 불이 났을 경우 개미들이 어떻게 대처하는지를 연구하기 위해서였다. 처음 불을 발견한 개미는 자신의 몸을 불 속으로 내던졌고 다음 개미들도 마찬가지로 불 속으로 뛰어들었다.

그러자 불꽃이 점점 약해졌다. 개미의 몸을 이루고 있는 키틴질이 불에 타면서 불꽃을 줄이는 소화 물질로 변했기 때문이다. 이렇게 개미들은 자기 몸을 희생해서 불을 껐다. 이는 선용이다.

결혼

결혼의 목적은 선용의 삶이다. 서로를 위해 선한 일을 도모하는 것이다. 부부는 자녀를 생산하고 서로 간의 영혼과 육체가 건강하도록 돕는 관계이다. 결혼이 선용인 이유에 대해 몇가지를 구분해 보았다.

첫째, 자녀를 생산하고 양육한다.

부부의 사랑으로 자녀를 생산한다. 자녀에게 안전한 환경을 제공한다. 자녀가 그 안에서 육체적으로 건강하고 지적으로 성장하게 하므로 자녀는 건강한 사회인이 된다.

둘째, 사랑의 관계이다.

남편은 아내와 자녀들을 사랑하므로 가정의 울타리 역할을 한다. 아내는 남편과 자녀를 사랑하므로 음식을 장만하고 가정을 꾸민다. 부부는 사랑을 가지고 가족을 위해 고통을 감수하면서 가족 구성원들이 평안하도록 돕는다.

셋째, 서로를 속박함은 선용을 위함이다.

음식을 차려주는 아내가 그 일을 부담스럽게 여기지 않고 즐거움으로 식탁을 차린다면 그녀는 그만큼 남편을 사랑으로 대하고 있다는 증거이다.

힘들게 일하는 남편이 그 일을 힘들다고 하지 않는 이유는 그만큼 가족을 사랑하는 증거이다. 오히려 힘든 그 일이 그들에게는 영광과 기쁨이 된다. 남편과 아내는 결속 될수록 속박을 사랑한다.

사랑할수록 서로가 서로를 속박한다. 하지만 그들은 그것을 속박으로 여기지 않는다. 남편을 사랑하는 아내는 남편의 속박을 부담스러워 하지 않고 오히려 갈망한다. 그 안에서 소속감과 안전감을 느끼기 때문이다.

 사랑하는 남편 혹은 사랑하는 아내에게 속박되기를 원한다면 배우자를 사랑하고 있다는 증거이다.

 사랑하는 남편과 아내는 오히려 그 속박을 즐거워하고 기뻐하며 행복으로 여긴다.

 사랑하는 관계는 속박을 원한다. 속박을 원하는 이유는 상대방에게 자신을 자세하게 알게 하므로 사악한 세상에서 보호받기 위함이다. 그렇지 않으면 악한 세력의 위험에 노출되기 때문이다. 사랑하기 때문에 서로를 속박하므로 보호한다.

 그러나 그것을 인권 침해라고 말한다면 이미 사랑의 관계가 끝났기 때문이다.

 만일 아내가 남편의 굴레를 부담스러워 하고 그의 말을 잔소리로 알아 듣는다면 사랑이 소멸되었음을 의미한다. 남편도 마찬가지이다.

 고로 사랑없는 가정은 영혼 없는 육신처럼 참된 가정이 될 수 없다. 비록 가정이 가난하고 볼품없고 초라해도 그곳에는 남편과 아내가 할 일이 있다. 그것이 선용이다.

선용의 목적

선용 목적은 주님 사랑과 이웃 사랑이다. 주께서는 하나님을 사랑하고 이웃을 사랑하는 것이 율법과 선지자의 강령이라고 말씀하셨다(마22:40). 이 말은 천국은 주님 사랑과 이웃 사랑의 강령 속에 존재한다는 말이다.

또한 천국에 가기 위해서는 사랑이 있어야 한다는 말이기도 하다. 선용을 하다보면 선하게 되고 진리대로 살게 되며 사랑할 수 있는 능력을 갖게 된다. 그리고 하늘 나라 시민이 된다.

성경에 나오는 요셉의 선용 스토리를 보자.

형들이 요셉을 인신 매매로 미디안 상인들에게 팔아넘겼다. 결국 요셉은 이집트의 총리가 되었다. 이후에 요셉은 형제들을 만나서 이렇게 말한다.

"당신들은 나를 악의 구렁텅이 빠뜨렸지만 하나님은 선을 위하여 많은 백성을 살리시고자 오늘날 이렇게 있게 하셨습니다."

요셉은 "너희들은 악한 것을 생각했지만 하나님은 많은 사람들을 살리고자 오늘 내가 이 자리에 서게 되었노라"고 말한다.

비록 요셉의 형들이 자신을 노예 상인에게 팔아 넘겨서 수많은 우여곡절을 겪었지만 하나님의 섭리가 있었음을 고백한다.

이런 고백이 나올 수 있는 것은 섭리를 믿는 신앙과 사랑의 마음에 있기 때문이다. 요셉은 모진 고난 속에서 선용하여 결국 천국 인격을 배양하게 된다.

선용의 목적을 가진 자는 시험을 통해서 고통을 겪지만 주께서 가르쳐준 기도대로 악에 빠지지 않는다.

오히려 시험으로 인해 더욱 강한 신앙을 갖는다. 신앙의 근육은 더 강해지고 삶의 의지는 더욱 굳세어 진다. 그리고 천국을 목적하게 된다. 혹독한 시험이 오더라도 진리와 선의 힘줄이 더 강해진다. 당시에는 시험이 고통스럽고 힘들지만 영적 군사로 더욱 강하게 된다.

첫째, 선용을 위해서 살아가는 자이다.

선용하는 데 삶의 목적을 두는 자이다. 왜 선용의 목적을 가지고 살아가는가? 천국이 선용하는 나라이며 선용자들이 모이는 곳임을 알기 때문이다. 그들은 세상사는 동안에 정신과 육체를 선용하는데 사용한다.

둘째, 돈을 가치있게 쓰면서 살아가는 자이다.

진정 부자는 돈을 얼마를 버느냐가 아니라 얼마를 가치있게 쓰냐이다. 이들이 금전 출납부를 세세하게 기록하는 이유는 어떤 것에 얼마나 사용했는지를 알고자 하는 것이다. 돈의 흐름을 모르면 눈을 뜬 채 카드 빚에 시달리고 인생 나락으로 떨어진다. 돈의 수입과 지출을 아는 것은 쓸데 없는 일에 돈을 낭비하지 않기 위해서이다. 한마디로 가치있게 사용하기 위해서이다.

셋째, 관계 만족을 위한 목적을 가진 자이다.

관계 맺는 것을 인생의 목적으로 여기는 자들이 있다. 이들은 부부, 우정, 타인과의 관계를 매우 중요하게 여긴다.

이런 자는 좋은 관계를 유지하면서 즐거움을 누리는 것을 삶의 목적으로 여긴다. 그래서 직장에서 항상 유머를 선사한다.

이들은 친구 간에 우정은 중요하게 여기지만 선용은 그리 중요하다고 여기지 않는다.

관계 만족을 목적하는 이들의 만남은 언제나 술이 빠질 수가 없다. 술은 그때의 분위기를 고조시키기 때문에 이들에게는 빼놓을 수가 없다. 이들은 술을 권하고 먹여서 자신과 상대방이 만취하는 것을 즐긴다.

상대방이 술 취해서 헤롱거리는 것을 보고서야 기분이 좋아진다. 그야말로 정신 줄을 놓고 사는 재미에 푹 빠져 있다.

서로 정신을 놓치는 것을 좋은 관계를 유지하는 것이라고 여긴다. 이것을 진정한 관계라고 생각한다. 이들의 목적은 관계 만족이다.

관계 목적을 가진 자는 선악의 구분점이 없다. 이들에게 남자와 여자 둘 사이에 흐르는 미묘한 정서적 관계를 사랑이라고 여긴다. 그리고 정서적 관계 속에 흐르는 로맨틱한 분위기에 도취되어 행복감을 느낀다.

이들의 목적은 관계 만족이다. 이들의 대화 주제는 나이거나 나의 경험밖에 없다. 이들은 타인을 위해 존재하지 않는다. 언제나 자기 이야기에만 몰입한다.

나 외에는 그 누구도 관심의 대상이 아니다. 관심이 있다면 자신에게 도움이 될 때 만이다. 정작 위기를 만나면 아무리 가까운 사이라도 관계를 차단시켜 버린다.

우리가 알아야 할 사실은 이들은 자신도 모르게 상대방 안에 있는 진리와 선을 제거하는 작업을 진행한다는 것이다.

"괜찮아!"를 연발하면서 관계에 집중하다보니 점차적으로 진리와 선은 사라지게 된다.

좋은 게 좋은 거라는 생각에 지배되면서 서슴없이 상대방을 흐리멍텅하게 만든다.

본래 이렇게 사는 것이 인생이고 상대방을 위하는 일이라고 말한다. 악의 오염에 추락하는 것을 보고는 동류 의식을 느낀다. 이렇게 되는 것에 보람을 느끼고 즐거워한다.

이들의 모토는 "인생은 짧다. 세상 살면서 좋은 관계 맺으면서 즐겁게 살다가 죽는 것이 행복이다!"

이 말을 듣고 그들과 어울리다보면 그들의 농간에 넘어가서 결국 어두움의 구렁텅이에 빠져서 그나마 마음속에 남아있던 진리와 선을 모두 소멸하게 되어 마침내 세속적 인간이 되고 만다. 결국 우둔한 자가 되어 버린다. 만일 그가 저세상에 들어간다면 이렇게 가슴을 치면서 후회할 것이다.

"그때 내가 친구들과 어울리다가 놀다보니 선용을 잃어버렸구나! 차라리 그 친구들을 만나지 않는 것이 더 좋을 뻔 했는데…" 사후에 뒤늦게 땅을 치고 후회해도 그때는 이미 늦는다.

관계 맺는 일에 목적을 가진 자의 특징을 보면 재미있게 말하고 유머 감각이 있고 상대방을 즐겁게 해주는 능력이 있다.

사회 생활을 하는데 재주가 있고 어떻게 친구 관계를 맺어야 하는지를 잘 알고 있다. 하지만 이들은 진리와 선을 나누는 법을 배우지 않았다.

그저 어떻게 대인관계를 하는지 어떻게 성공하는 삶을 살 수 있는지를 아는 데 만족한다.

이들의 깊은 내면에 숨겨둔 은밀한 무기는 악독이다. 독을 퍼트려서 타인을 넘어뜨리는 재주 또한 남다르다. 결국 악용이다.

선용에 대한 교훈

"내게는 너희가 알지 못하는 먹을 양식이 있느니라...나의 양식은 나를 보내신 이의 뜻을 행하며 그의 일을 온전히 이루는 이것이니라(요4:32-34)."

이 구절은 선용에 관한 교훈이다. 주께서는 그분을 보내신 이의 뜻을 행하는 것이 그분의 양식이라는 표현을 하셨다.

주께서 왜 하나님의 뜻을 행하는 것을 양식이라고 표현하셨는가? 그 의미를 알아야 한다.

음식물을 먹으면 식도를 거쳐 위에 들어간다. 위는 그 음식물을 아주 잘게 부수어 소화 되도록 만든다. 그렇게 해서 음식물은 피가 되고 살이 되어 온 몸에 퍼져서 흡수된다.

위가 음식물을 잘게 부수어서 피와 살이 되도록 만드는 것처럼 의지는 마음속에 들어온 진리를 소화되도록 만드는 역할을 한다. 그래서 소화된 진리는 삶에서 실천하게 된다.

이처럼 의지는 진리를 삶에 적용하도록 이끈다. 이것이 선용이다.

아버지의 뜻을 행하고 그분의 일을 완성하는 것이 양식이라는 의미는 의지적 작용으로 삶에서 선용이 실천됨을 의미한다. 의지가 선용을 하도록 이끌기 때문이다.

다음과 같은 구절도 있다.

"썩을 양식을 위하여 일하지 말고 영생하도록 있는 양식을 위하여 힘써라 이 양식은 인자가 너희에게 주리니 인자는 아버지 하나님께서 인치신 자니라(요6:27)."

이 말씀은 진정으로 힘써야 할 것이 무엇인지를 가르쳐준다. 즉, "힘써라"는 표현 속에 삶에 응용되어야 할 교훈이 들어 있다. 힘쓰라는 단어 속에 많은 것이 들어 있다. 우리는 진정으로 필요치 않을 것을 위해 힘쓰고 있다. 이것이 우둔한 인간의 본래 모습이다.

진정한 양식은 영혼의 양식이다.

이것은 영생을 위한 삶의 노동이다. 노동이 하나님의 목적이라는 말은 창조와 섭리의 법칙이 노동의 행위안에 들어있다는 뜻이다. 주께서 말씀하시는 노동은 영생하도록 있는 양식을 위한 목적이다. 선행을 위한 노동은 타인에게 유익을 줄 뿐 아니라 마음을 풍요롭게 한다.

우리는 그 노동을 두고 선용이라고 말한다. 고로 선용을 위해 그분과 함께 일하는 일꾼이 되어야 한다. 하나님은 노동을 통해서 영원한 목적을 수행하시는 분이시다.

지혜

자연 만물에는 수많은 동식물이 존재한다. 그리고 동식물 각각에는 의미가 담겨 있다. 지상에서는 자연에 그치지만 영계에서는 각각의 동식물이 의미하는 바가 있다.

우리는 그 하나하나가 갖는 의미를 모두다 이해할 수는 없지만 그 쓰임새에 따라서 선과 악으로 구분한다.

성경을 예로 들어보자. 성경은 문자로 쓰여 졌다. 그 속에는 인간의 사사로운 이야기에서부터 왕들의 이야기, 전쟁 이야기까지 많은 사건들이 기록되어 있다. 설교자들은 그 속에 숨어 있는 선악의 의미를 찾아서 듣는 이들로 하여금 실생활에 적용하도록 한다.

이처럼 자연 만물을 관조하면서 선과 악을 구별하여 아는 것과 어떻게 살아야 하는지를 아는 지식은 큰 지혜이다.

성경에서 "짝이 맞다" 는 말씀은 지상과 천국을 하나로 본다는 의미이다. 마치 손바닥을 서로 겹쳐서 마주 대면 짝이 맞는 것처럼 지상에 있는 것은 천국 의미와 맞닥뜨려 있다는 뜻이다.

사실 인간으로서는 이것을 제대로 구별하기가 불가능하다. 이는 천사의 지식이기 때문이다.

바울은 자연에는 신성이 담겨 있다고 말하고 있다. 문자가 인간에게 지식를 알게 하는 것처럼 자연에는 하나님을 알만한 것이 들어있다. 자연은 인간에게 지혜를 얻게 해준다.

예컨대, 동물, 식물, 광물의 의미를 터득한다면 그는 그 안에서 지혜를 얻는다. 자연 만물이 가르쳐주는 의미를 찾는다면 그 지식은 하늘의 지혜이다.

그러나 자연 만물의 내적 의미를 이해하고자 하지 않는다면 그것은 자연은 단지 먹는 데 필요한 단백질 공급원으로 밖에는 생각하지 못한다.

고대인들은 자연계에 있는 것들이 영계와 어떤 관계에 있는지 이해하였다.

우리가 시골의 아름다운 경치를 보면서 마음속에 행복감과 평화로움을 느낀다. 시원하게 불어오는 산들바람, 울긋불긋 단풍의 조화, 국화 꽃의 향기, 장미의 아름다움을 보면서 마음에 평화를 느낀다.

또 폭풍우가 갑자기 몰아치고 전쟁으로 폭격이 있고 홍수가 나고 전염병이 창궐하고 해일이 밀려와서 집들이 떠내려가는 광경을 보면서 두려움과 공포가 밀려온다.

이처럼 외적 환경과 마음은 연결되어 있다. 둘은 짝이 맞아서 환경이 그대로 마음 속에 느낌으로 다가온다. 환경과 마음은 뗄 수 없는 관계 흐름이 존재한다. 환경과 내면 사이에 존재하는 연결 고리로 인해 기쁨과 슬픔이 마음 속에 교차한다.

고로 우리는 외적 환경이 마음에서는 무엇을 의미하는지 이해해야 한다.

예를 들어, 개의 행태를 보면서 "아 나는 저런 식으로 살지 말아야지!" 하는 삶의 지혜를 얻는다. 이런 지식이 없으면 기준

없이 어리석게 되는 원인이 된다. 그래서 자연을 보고 배우라고 하는 것이다. 외적인 요소가 마음에서는 무엇을 의미하는지를 하나하나 찾아서 이해하려는 시도는 지혜를 얻는 길이다.

주께서는 진리를 말씀하실 때 그것을 설명하셨다. 이런 지식을 상응적 지식이라고 한다.

고대인들은 이런 상응 지혜를 갖고 있었다. 시인들은 시를 통해서 상징성을 표현하면서 자신의 내면의 느낌을 표현한다.

고대인들의 상응 지식을 계승한 지식은 철학이다. 그러나 오늘날 철학은 상응적 지식과는 거리가 멀다.

오늘날은 인류를 지혜로 인도하였던 고대인들의 학식으로부터 많이 퇴조했다. 그만큼 진리를 이해하는 수준이 저급하게 되었다.

다음은 지혜를 얻기 위한 몇가지 이해 수준을 알아 보았다.

첫째, 지혜를 얻기 위해서는 문자만 보아서는 알 수 없다.

문자 속에 들어 있는 의미를 깨달아야 한다.

성경에는 수많은 사건들의 영적 의미를 이해해야 한다. 문자만 안다는 것은 세상 지식의 수준에 머문 것이다. 그러나 저세상에서는 의미가 존재한다.

말씀의 글자는 자연적 수준이지만 의미는 영적 수준이다. 이를 안다는 것은 주의 뜻을 아는 것이다.

상응의 지식에 대해서는 별도의 연구가 필요하다. 무엇보다 중요한 것은 진리에 대해서는 세상 지식보다 더 큰 애착을 가져야 한다.

우리가 세상 사는 동안에 아무리 상응을 연구한다고 해도 대부분 이를 이해하지 못하고 죽는다. 거기에다가 조금이라도 남들과 다르게 이해하면 비판 당할 것이 두려워서 그 이상 확장된 지식을 갖지 못한다.

그러나 우리가 확신하는 바는 진리를 순수한 의도를 가지고 알고자 한다면 주께서 반드시 지혜로 인도해 주신다는 믿음이다.

둘째, 인간은 두 나라에서 살고 있다.

우리는 이세상에 살고 있지만 보이지 않는 영적 세계에 소속되어 있다.

인간은 양쪽 세계의 삶을 살고 있다. 즉, 자연계와 영계이다.

이 세상에서 행동은 보이지 않는 세계의 영적 작용이 주어졌기 때문이다. 우리는 두 왕국 중에 어느 세계를 더 중요하게 여기는지는 삶의 목적에 따라 다르다. 목적이 삶을 통제하기 때문이다.

만일 이 세상을 더 중요하게 여긴다면 영계는 중요도에서 밀려난다. 그러면 선용은 수단이 되고 만다.

그의 신앙적 삶은 가치없게 된다. 그에게는 세상의 돈과 재물이 중요하다. 입으로는 천국 소망을 말하지만 내면에서는 세상이 더 좋다.

그리하여 천국과는 거리가 멀어지고 오히려 그의 마음은 지옥이 자리 잡는다.

왜냐하면 그가 사랑하는 정도만큼 목적이 있기 때문이다. 목적
은 그가 사랑하는 것 안에 있고 사랑으로부터 존재한다.

우리가 한가지 알 것은 천사들은 세상에 있는 자연 만물을 보
면서 인간들처럼 물질로 보지 않고 의미로 이해한다.

셋째, 의미에 있다.

우리는 하늘을 쳐다 보면서 하나님의 측량할 수 없는 무한한
권능을 생각하거나 별을 보면서 천국 지식을 생각할 수 있어야
하고 태양을 보면서 영계의 태양이신 주를 생각할 수 있어야 한
다. 또한 사자를 보면서 그의 담대함을 보고 개를 보면서 무질
서한 인간의 면모를 보아야 한다.

자연계는 영계에서 비롯되었다. 영계가 원인이 되어 자연 만
물이 나타났다.

고로 우리는 산, 숲, 꽃을 보면서 눈에 보이는 것만을 보는 것
이 아니라 보이지 않는 원인을 보면서 꽃의 아름다움이 영계에
서 표현하는 것에 관심을 두어야 한다.

실제적으로 보이지 않는 세계에서 원인이 되지 않으면 땅에서
그렇게 아름답게 표현될 수 없다.

이처럼 신성을 생각하는 자는 사물을 겉으로만 보는 일이 없
다. 눈에 보이는 사물에 고정되지 않고 내적 의미를 본다.

제2장
목적 · 원인 · 결과

자연의 질서

 자연계의 질서는 목적, 원인, 결과로 이뤄진다. 결과는 원인의 형태이고 원인의 원인은 목적이다. 목적은 원인의 생명이다.

 이를 일직선상으로 보면 첫째가 중간을 거쳐 결과를 성취한다. 눈에 보이는 모든 우주 만물은 이런 형태로 운행되고 있다. 목적은 원인 속에 들어있고 또 원인은 결과를 가져온다.

 목적, 원인, 결과는 전체적으로 볼 때 목적 안에 존재한다. 이를 첫째 목적, 중간 목적, 최종 목적이라고 말할 수 있다.

 마치 양파 껍질을 벗기면 그 안에 또 다른 것을 감싸고 있는 것과 같다. 전체는 이런 식으로 부분이 합쳐서 이루어져 있다. 단순한 요소가 복합적인 덩어리로 뭉쳐 있다.

 선용은 사랑의 복합체이다. 선용 안에 사랑과 지혜의 모든 것이 내재해 있다. 사랑은 목적이고 지혜는 원인이며 선용은 결과이다. 결과를 향해 움직이는 목적의 진전이다.

이를 마음으로 말하면 목적은 가장 깊은 내면에 있고 원인은 중간 내면이고 결과는 겉으로 드러나는 가장 바깥 부분에 해당된다. 우리의 행동은 이런 구조를 갖고 있다.

이를 일렬로 줄을 세운다면 가장 큰 목적이 있고 그다음 목적 또 그 다음 목적이 서열로 배열된다. 각자의 목적에는 원인, 결과가 있다. 마치 임금 앞에 서있는 신하들의 서열과 같다. 신하들이 각자의 목적을 수행하는 것과 같다.

가장 큰 목적을 왕이라고 한다면 서열에 따라 차례로 서있는 것과 같은 원리이다. 만물은 이런 질서에 따라 배치된다.

목적, 원인, 결과는 보이지 않지만 우주 만물의 질서이다. 목적은 원인을 생산하고 원인을 통해서 결과가 도출된다. 우선 목적이 있고 그 목적을 이루기 위해 원인이 존재하고 원인이 활동하여 결과를 나타난다. 결론적으로 이 세 가지는 구분되지만 하나로 움직인다.

인간 편에서 말한다면 목적은 의지적 사랑이고 원인은 이해적 관점이고 결과는 행동이다.

그래서 성경에서는 "행한 대로 심판을 받는다"고 말했는데 이는 행위 만을 두고 말한 것이 아니라 목적, 원인, 결과를 두고 하신 말씀이다. 다시 말해서 결과적 행위를 보면 그 속에는 목적적 사랑과 원인적 이해가 들어 있다. 이 세 가지가 심판의 대상이다.

고로 큰 틀에서 볼 때 창조주는 섭리 목적을 가지시고 원인과 결과를 이루시는 분이시다. 이를 설명하면 다음과 같다.

우리가 진리를 알고자 하는 목적을 가질 때 성경에 대해 읽거나 배우고자 하는 노력을 기울인다. 그러면 그 목적에 일치하게 성경의 지식이 많아지거나 진리를 알게 된다. 그 결과 속에는 이미 진리를 알고자 하는 목적이 들어 있다.

또 공부를 하겠다는 큰 목적을 갖게 되면 공부를 어떻게 할 것인지 원인을 찾는다. 학교에 갈 것인지 아니면 다른 루트를 통해서 할 것인지 그 방법을 찾는다. 이것이 원인이다. 그리고 결과를 이룬다.

하나님께서는 인류 구원의 목적을 갖고 계셨다. 그 목적을 이루기 위한 원인으로 하나님이 직접 사람의 몸을 입고 이 땅에 오셨다. 그분은 오셔서 마귀를 몰아내시고 인간들에게 천국 복음을 전하셔서 하늘나라에 들어갈 수 있는 길을 열어 놓으셨다. 즉, 결과이다.

주께서는 이런 말씀을 하셨다.

"그들의 열매로 그들을 알지니 가시나무에서 포도를, 또는 엉겅퀴에서 무화과를 따겠느냐(마7:16)."

가시와 엉겅퀴는 욕망에 근거를 둔 거짓을 의미한다. 이것이 마음 안에 뿌리를 내리면 선이 생산될 수 없다는 말씀이다. 열매를 가지고 원인을 알 수 있기 때문이다.

목적, 원인, 결과의 원리

자연 만물에는 큰 목적이 있다. 그 목적을 섭리라고 말한다. 하나님의 목적은 인류를 향한 사랑이다. 그리고 원인으로는 강림, 고난, 구속 등이고 결과로서 구원이다.

인간 편에서는 천국을 목적하고 거듭남의 원인을 거쳐 구원의 결과를 얻는다.

우리가 가난한 자에게 도움을 주고 싶다는 목적을 갖게 되면 어떻게 도움을 줄 것인가 하는 원인을 찾아서 실천에 옮긴다. 과정을 거쳐서 결과에 이른다. 목적은 원인과 연합하고 원인은 결과와 연합한다.

이렇게 볼 때 주님 사랑의 목적, 인애의 원인, 선용의 결과는 서로 구분되지만 하나로 존재한다. 첫째는 둘째 안에 둘째는 셋째 안에 있다. 셋은 결국 하나이다.

고로 형제를 사랑한다면 선행을 실천해야 한다. 사랑만 있고 그것을 담는 행위가 없으면 사랑을 드러낼 수가 없다.

행위는 내적인 것을 담고 있다. 내적인 것은 목적과 원인을 의미한다.

창조물 안에 있는 목적, 원인, 결과

창조물에는 눈에 보이는 것과 보이지 않는 것이 있다. 눈에 보이는 세계를 자연계라고 한다면 보이지 않는 세계를 영계라고 말한다.

자연계는 태양을 중심으로 만물이 존재한다. 태양의 빛과 열기가 자연계에 비침으로 만물이 소성하고 번성한다. 태양의 온도가 약해지면 지구는 곧바로 얼어 버리고 또 온도가 더 높아지면 지구는 불덩어리가 되고 만다.

태양은 지구보다 109배 크고 지구보다 약 33만 배 무겁다. 지구가 태양을 타원 궤도를 따라 공전하고 있다. 지구에 비치는 태양 에너지는 생명체의 생존에 필요한 에너지를 공급한다. 중요한 사실은 태양의 빛과 열기 안에는 보이지 않는 생명력이 함께 작동한다는 사실이다.

인간은 공기중의 산소를 들이마시면서 호흡을 유지한다. 인간은 공기없이 3분 이상을 견딜 수가 없다. 신체는 공기가 있음으로 생존한다.

만일 태양열이 없으면 지구 대기의 대류 현상이 일어나지 않고 구름이 생기지 않고 비가 내리지 않게 되어 마실 물도 없어진다.

또 태양 빛이 없으면 식물들이 광합성을 할 수 없다. 지구상의 산소가 고갈되고 식물을 먹이로 하는 동물도 굶어 죽게 된다.

주께서는 영계의 태양 되시는 분이시다. 원인으로서 영계가 있고 결과적으로 자연계가 존재한다.

구체적인 원리를 말한다면 태양은 목적이고 빛과 열기는 원인이고 자연계의 생성은 결과이다. 고로 자연계 안에 영계가 있고 그 핵심에는 주께서 계신다. 그래서 성경에는 만물은 보이지 않는 세계로 말미암는다고 말하였다.

흔히 사람들은 자연 만물의 목적을 인정하지 않는다. 단지 자연계가 이루어진 것은 씨와 열매의 순환 과정이라고만 여긴다. 그 안에 생명력을 끊임없이 공급하시는 분이 있음을 인정하지 않는다. 하지만 자연 만물은 살아있는 생물임을 기억하라. 살아 있다는 것은 생명력이 공급되는 것이다.

만유인력 원리를 발견한 존 뉴톤은 사물에 힘이 주어지면 그 에너지의 결과로 물체가 작동한다고 했다. 최근에 제기된 양자론은 파동의 법칙을 말하고 있다.

그것은 목적에 따른 원인의 원리이다. 창조물은 과학자들의 이런 원리만으로는 우주 만물이 진행되는 모든 과정을 설명할 수 없다. 목적을 이해하지 않으면 이해되지 않는다.

눈은 어떻게 보고 귀는 어떻게 듣고 코는 어떻게 냄새를 맡으며 혀는 어떻게 맛을 보며 위는 어떻게 소화를 하고 간은 어떻게 피를 걸러내며 신장은 불순한 체액을 어떻게 분리시키는가

하는 문제를 과학이 설명할 수 있겠는가?

목적이 있기 때문에 창조물은 변질되지 않고 존재하며 지속적으로 유지 보존이 가능하다. 하나님은 태양을 원인으로 자연이 보존되도록 하신다. 고로 창조 작업은 오늘날에도 여전히 목적, 원인, 결과를 방편으로 진행 중이다.

자연 세계 안에 있는 목적. 원인. 결과는 결국 하나이다. 목적은 원인 안에 존재하고 원인은 결과 안에 존재한다. 목적은 가장 내적이고 원인은 중간이고 결과는 가장 외적이다. 만약 결과에서 원인이 제거되거나 또는 원인에서 목적이 제거된다면 결과물은 완전 무너지고 만다. 목적에서 원인이 나오고 원인에서 결과가 나오기 때문이다.

우주 만물은 두 가지 원리에 의해 운행된다. 목적, 원인, 결과를 이루는 두 가지 원리는 다음과 같다.

연속성 원리

이는 빛과 어두움, 온기와 냉기, 경직과 유연함, 짙음과 옅음, 정교한 것과 조잡한 것이다. 이는 일직선상으로 놓고 보았을 때 차이가 있지만 연속적이다.

빛과 어둠은 밝기에 따라서 일직선상으로 구분할 수 있다. 이는 빛의 요소가 원인이 되어 다음 빛의 결과를 산출한다.

불연속성 원리

사람의 신체 안에 있는 힘줄은 미세한 섬유 조직들로 이루어져서 근육을 형성한다. 하나 하나의 조직은 별개로 존재한다. 하지만 전체적으로는 하나의 근육을 형성하고 있다.

몸 안에 있는 내장은 장과 장이 별도로 존재하지만 서로 간에 조화를 이루어 한 덩어리로 묶여서 움직인다.

이런 원리는 사물과 사물이 각자가 별개이지만 전체적으로 연결되어 제삼의 것이 나온다.

다시 말해서 첫째 조합과 묶음에 의해 둘째 결과가 생기고 둘째로 인해서 셋째가 생긴다. 첫째는 하위를 다스리는 상위이다. 그러기 위해서는 질적으로 동일해야 한다. 질이 다르면 서로 연합할 수 없다.

내장은 동질적인 섬유로 구성되어 있다. 동질적인 요소가 연결되어 제 삼의 결과를 이룬다. 이는 신체 안에 모든 요소가 목적을 위해 결과를 창출하고 있다. 그래서 각기관이 한데 묶여서 큰 목적을 위해 배열이 되어 있다.

몸 안에 있는 세포, 심장, 폐, 위, 장 등은 각각의 목적을 수행하고 있지만 이런 불연속성의 원리로 인해 신체를 구성하고 있다. 이는 정신적인 면에서도 같은 원리가 적용된다.

사상과 애착은 별개이지만 함께 발전한다. 어떤 사상에 대해 애착을 가지면 그것이 연합하여 새로운 사상을 만든다. 또 그 결과를 기반으로 연구하고 개발하면 또 다른 결과가 나타난다.

이런 식으로 초기에는 아주 우습고 미약했는데 그것이 점차적으로 확장하여 발전하게 된다.

비행기나 자동차를 처음 만들 때는 아주 조잡스러운 형태였다. 하지만 이런 원리에 의해 제 삼의 결과가 나오고 그것을 토대로 점진적으로 오늘날의 발전된 비행기와 자동차가 나온 것이다.

마찬가지로 선과 진리는 전혀 다른 것 같지만 동질 요소가 있기 때문에 불연속성의 원리에 의해 서로 연합하고 발전하여 새로운 결과를 산출한다.

이런 원리는 식물, 광물 모두 적용된다. 불연속적 요소이지만 조화와 연합으로 새로운 결과를 이룬다.

중요한 사실은 이질적인 요소와는 조화를 이룰 수 없다. 세포, 근육, 운동 섬유는 모두 동질적 요소이다. 동일한 성질으로 이루어지지 않은 이질적인 요소 간에는 서로 조화와 연합이 불가능하다.

예컨대, 진리와 사랑은 동질이지만 진리와 거짓은 이질적이다. 또 사랑과 선은 동질이지만 사랑과 악은 이질적이다. 둘은 섞일 수 없다. 목적, 원인, 결과는 이와 같이 동질 요소가 묶여서 조화와 연합으로 발전한다. 불연속성의 원리이다.

수평과 수직의 원리

자연 만물에는 수평적 원리와 수직적 원리가 있다. 이 원리는 X축과 Y축을 상상해서 이해할 수 있다. X축과 Y축은 공통점이 없다.

땅위에 있는 동물은 수평적 원리에 해당되지만 새는 날아다니기 때문에 수직적 원리에 의해 해당된다.

수직적 원리

바울은 천국을 삼층천으로 설명하고 있다. 천국은 등차가 적용된다는 말이다.

수직적 원리는 가장 높은 데서 가장 낮은 데에 이르는 질서이다. 야곱이 꿈에 꼭대기가 하늘에 닿아있는 사다리에 천사가 오르락내리락하는 광경을 본 것과 같다.

성경에서 높다는 의미는 지극히 내적인 것을 의미하고 낮다는 말은 외적이라는 뜻이다. 가장 높은 상태는 지극히 내적인 상태를 말한다.

 고로 질적 차원에서 가장 높은 천국은 최상급의 천사가 있고 중간 천국은 그보다 낮지만 뛰어난 천사가 있고 낮은 천국에는 더 낮은 천사가 존재한다. 이처럼 천국에 있는 천사들은 각각 개별적으로 다를 수 밖에 없다.

 그들은 영적 존재들이므로 시공간에 갇혀 살고 있는 우리들의 물질적인 개념으로는 이해할 수 없다.

 그래서 바울도 천국을 다녀와서 하는 말이 이루 말로 표현할 수 없는 말을 듣고 보았다고 표현하고 있다.

 에스겔 선지자나 사도 요한은 천국의 광경에 대해 말하지만 그 의미를 설명하기보다는 본 그대로 광경을 표현하고 있을 뿐이다. 인간의 자연적 개념으로는 설명할 수 없기 때문이다.

 천국을 수직적 원리로 설명하자면 삼층 천, 이층천, 일층 천의 개념을 목적, 원인, 결과로 생각할 수 있다.

 이런 면에서 인간들도 질적 차원에서 구분할 수 있다. 목적을 찾는 자는 근본적인 데 마음을 두는 자이다. 원인을 찾는 자는 이성적인 데 마음을 두는 자이다. 결과만 보고 판단하는 자들은 근본이나 논리를 생각하기 보다는 현상을 중시하는 자라고 말할 수 있다.

 이들은 근본 목적을 잊어 버린 자이고 나타난 현상만을 중시하는 자이다. 겉으로 나타난 결과만을 가지고 인간을 평가하는 자이다.

목적에 의해 생각하는 것은 지혜의 차원이고 원인에 의해서 생각하는 것은 이성적 차원이고 결과에 의해 생각하는 것은 지식의 차원이다.

그래서 인간에게는 품질이 있다고 말하는 것이다.

지식에 머무는 자는 가장 낮은 차원에 해당된다고 할 수 있다. 그는 지식을 자랑하지만 그것은 결과에 머물러 있는 정도이다. 지식보다 이성적이 되어야 하고 이성보다 지혜를 구해야 한다.

삶에서 진리를 적용한 자들은 수직적 원리에 의해 올려진다. 독수리가 하늘 높이 올라가듯이 위로 갈수록 영적 수준이 높아진다. 이렇게 진리의 완전을 향해 나아간다.

수평적 원리

땅 위에 있는 동물을 보면 수평적 원리에 해당된다.

사자, 양, 개, 돼지, 뱀 등은 개별적으로 생존 방식이 다르다. 성경에서는 이를 선악의 입장에서 거룩한 짐승과 부정한 짐승으로 분류한다. 거룩과 부정을 수평적으로 분류하고 있다.

가장 저급한 악에서 부터 지극히 깨끗한 선에 이르기까지 수평으로 나열해서 구분한다.

하나를 보면 열을 안다는 말이 있다. 그 말속에는 하나가 둘, 셋과 연관되어 있음을 의미한다.

외부로 드러난 선용, 선행, 행동 속에는 반드시 목적이 내재해 있다. 마치 빵 안에 밀가루와 설탕 등이 담겨있는 것처럼 선용

안에 목적이 담겨 있다. 고로 선용은 목적과 원인의 복합체이다. 그 안에 사상, 인애, 의지가 있다.

성경에는 처음된 자가 나중 되고 나중된 자가 처음 된다는 말이 있다. 이 말의 의미는 다음과 같다.

인간 초기에 가졌던 지식은 매우 수준이 낮은 처음이다. 그 지식에서 나중 상태를 결정한다.

그러나 시간이 지나면서 상태가 바뀌게 되어서 또 다른 지식이 나온다. 나중 상태에서 처음 지식이 나온 것이다. 이를 두고 나중된 자가 처음 된다고 말한다.

인간이 진리를 알게 되면 그것은 처음이다. 그로 인해 선해졌다면 그것은 나중이다. 이제는 선하기 때문에 진리를 실천한다. 나중된 상태에서 처음된 것을 실행한다는 뜻이다.

지식과 상태를 처음된 자가 나중 된다고 한다.

마치 바퀴가 굴러가듯이 앞으로 전진하면서 처음과 나중이 반복하여 바뀌면서 일생이 진행된다. 즉, 수평적 원리이다.

짐승의 생존 방식은 본능적 행동이지만 인간은 선악의 기준으로 분류한다. 그것이 인간과 짐승이 다른 점이다.

짐승의 생명과 사람의 생명은 질이 다르다. 사람은 보이지 않는 세계에 근거를 가지고 있지만 짐승은 자연 안에 있다.

인간은 이성을 가지고 있어서 스스로를 성찰할 수 있지만 짐승은 본능만 있다.

인간은 고개를 들어 하늘을 바라 보도록 되어 있지만 짐승은 땅만을 바라본다.

 인간이 가진 생명은 보이지 않는 세계에 이르지만 짐승의 생명은 오직 자연 외에는 없다. 그럼에도 인간들은 자신의 생명과 짐승의 생명을 구별하지 못한다. 겉보기에는 인간과 짐승이 별로 다를 게 없어 보인다.

 그래서 애완견이 죽으면 인간처럼 사후 세계가 있다고 여겨 장례를 치루기도 하고 또 다른 세상에서 만날 것이라고 생각한다. 인간과 짐승이 같다고 느끼기 때문이다. 그 이유는 보이지 않는 세계에 대해 전혀 알지 못하고 다만 현실에만 몰입되어 있기 때문이다.

생명의 완전성

 분명히 알 것은 자연 그 자체로는 생명이 없다는 것이다.

 죽은 나무는 더 이상 잎을 내지 못하고 죽은 고양이와 죽은 생쥐는 생명이 없으므로 서열을 가릴 수도 없다. 하지만 생명이 있을 때는 다르다. 동물은 생명이 있기 때문에 활동하고 식물은 생명이 있기 때문에 성장하고 열매를 맺는다.

 그러면 어떻게 해서 동식물에게 생명이 주어지는가? 거기에는 원리가 있다.

 그것은 보이지 않는 생명이 태양의 빛과 열기 속에 들어있기 때문이다. 그래서 생명이 태양의 빛과 함께 동식물에 비침으로 살 수 있게 된다. 태양의 빛, 열기와 함께 생명이 주어진다.

자연은 그 생명력으로 살아 간다.

자연계의 사물 즉, 눈, 귀, 혀, 근육, 심장, 폐, 간장, 췌장, 내장, 씨, 열매, 꽃 그리고 금속, 광물, 보석을 보자.

그 본질 안에 무엇이 있기에 살 수 있는가?

무엇이 있기에 힘이 작동하는가? 어떻게 꽃이 피고 열매가 맺혀지는가? 그 본질은 보이지 않는 생명의 힘이다.

그 생명력은 형체에 따라서 주어진다.

꽃의 형체 안에 생명력이 작동하고 있다. 형체에 맞는 힘이 존재한다. 꽃의 형체에 맞게 생명력이 들어간다.

고로 형체는 생명력의 성질에 의존하고 있다.

코끼리와 곰을 보면 그 형체에 맞게 강한 힘이 내재해 있다. 반면에 사슴의 형체에는 예민함이 느껴진다. 이처럼 동식물에는 형체에 따른 생명력이 구성된다.

그 생명력은 태양의 빛과 열기가 가져다 준다.

태양의 빛과 열기 안에 생명력이 내재해 있어서 자연에게 생명을 공급하고 있다.

목적의 원리

하나님은 목적을 가지고 인도하신다. 그것을 두고 섭리라고 한다. 고로 가장 중요한 것은 목적이다. 목적보다 중요한 것은 없다. 하나님께서는 목적을 가지고 다음과 같은 방법으로 섭리하신다.

① 사람이 할 수 없는 것을 하신다.

② 악인, 선인, 불의한 자, 공정한 자에게 똑같이 적용하신다.

③ 지옥 가운데 있는 악한 자를 구출하신다.

④ 악과 싸우신다.

⑤ 목적을 위해 십자가의 고통을 겪으셨다.

⑥ 은혜로우신 하나님은 인간이 선한 자, 공정한 자가 되도록 끊임없이 인도하신다.

첫째, 목적은 생각과 행위를 지배한다.

목적은 마음을 지배하는 왕이다. 목적이 선이면 생각과 행위도 선이고 목적이 악이면 생각과 행위도 악이다. 결국 인간의 모든 것을 통치하는 것은 목적이다. 고로 목적이 뚜렷하고 확실하고 선명해야 한다.

우리가 어떤 목적을 설정하면 그 목적을 위해 방법을 찾는다. 보다 큰 목적을 이루기 위해 부합되는 중간 목적이 필요하다.

자유 민주주의의 목적을 이루고자 하면 거기에 부합되는 목적을 가진 교회나 단체를 구성하는 것과 같다.

둘째, 주께서는 목적으로 섭리하신다.

목적을 가지고 인간을 섭리하신다. 목적에 맞게 이끄신다.

섭리의 법칙은 인간의 모든 수단 위에 작용한다. 그 수단을 완전케 하신다. 이는 그분이 사랑과 지혜이신 만큼 수단 위에 하시는 방법은 인간이 측량할 수 없을 정도로 무한하다.

셋째, 천사들은 목적을 도와주는 존재들이다.

천사는 인간의 모든 것을 잘 알고 있다. 그들은 예민한 통찰력을 가지고 인간이 헤아릴 수 없는 것까지 파악한다.

또 천사들은 선용 목적을 가지고 사람들에게 시중든다. 선용이 그들의 행복이다. 사실상 모든 인간은 보이지 않게 천사의 도움을 받고 있다.

육신의 눈으로는 천사들이 보이지 않기 때문에 느끼지 못하지만 그들은 인간과 늘 함께 한다.

천사는 인간을 어떻게 도와 주는가? 그것은 인간의 양심에 천사의 생각을 전달하는 방식을 통해서이다. 그것은 실제로는 주의 뜻이다. 천사들은 목적을 인간의 생각 속에 은근하게 주입하고 있다. 그 생각은 여러 환경 속에서 다양한 방법으로 주어진다. 우리는 그러한 생각이 떠오를 때 엉뚱한 생각 같다고 여길 수도 있다.

천사들은 인간들이 목적을 찾아서 선용하게끔 하는 것이 그들의 사명이다. 거기에 모든 것을 기울인다. 사사로운 물질에 관심을 두지 않고 오직 선용 목적이 되도록 인도한다.

목적은 인간의 생명이다. 목적에 따라 생명의 품질이 달라진다. 목적이 저질스러우면 생명도 저급으로 떨어지고 목적이 고상하면 생명도 더욱 활성화된다. 목적이 그만큼 중요하다.

마귀들도 목적을 지배하려고 한다. 가룟 유다의 생각 속에 예수를 팔려는 악마의 생각이 들어온 것처럼 말이다.

본질과 수단

세상에 목적을 두는 자는 천국은 관심조차 없다. 천국을 향해 걸어가는 것을 인생 목적으로 삼아야 하는데 세상 살이에 바빠서 그 길을 걷지 못하고 우물쭈물하다가 그 길을 놓쳐 버렸다. 그래서 다른 곳에서 허우적거리면서 살아간다.

존 번연이 쓴 천로역정을 보면 장망성을 떠나서 천국을 향해 가는 구도자의 모습이 등장한다. 주변의 모든 장애를 뿌리치고 나가는 모습은 목적을 향해 나가는 모습이다.

이는 교회가 할 일이다. 그러나 오늘날 교회가 잡다한 일에 관심을 갖다가 그 길을 잃어버리고 말았다.

한마디로 본질을 잃어버렸다. 본질을 잊고 본질 아닌 것에 사력을 다한다. 본질이 수단이 되고 수단이 본질이 되어 버렸다. 정말로 중요한 것이 무엇인가? 본질을 찾아야 하고 본질에 목적을 두고 살아야 한다.

목적에는 우선 순위가 있다.

모든 사물은 목적에 의존한다. 사람의 마음을 한마디로 말한다면 의도와 목적 자체이다. 목적은 곧 그 사람이다.

성경에서는 목적을 선과 악으로 분류한다. 선과 악 사이의 정중앙은 없다. 둘 중 하나일 뿐이다. 왜냐하면 목적이 다르기 때문이다. 선과 악은 서로 섞일 수 없다. 이는 천국과 지옥이 함께 존재할 수 없는 이치이다.

우리가 사사로운 일을 할지라도 거기에는 반드시 목적이 존재한다. 좋은 목적은 선에서 나오고 나쁜 목적은 악에서 나온다. 무엇을 우선으로 여기느냐 에 따라 목적이 나뉜다.

선용을 위해서는 이타애의 목적이 존재해야 한다. 목적을 자신에게 두는 자는 결국 자신을 지옥으로 돌려 놓는다. 그러나 목적을 이웃을 향해 두는 자는 천국으로 돌려놓는 자이다.

선용자의 우선 순위는 첫째가 주를 섬김, 교회, 국가, 사회, 이웃을 위하고 그 다음이 자신이다. 이들은 타인을 위해 존재한다. 선용자가 돈, 식품, 옷, 집 등을 준비하는 이유는 가족의 필요 때문이고 타인에게 도움을 받지 않기 위함이다. 타인에게 구걸하지 않기 위함이다.

돈을 저축하거나 사업을 하는 이유는 선을 행하고자 하는 목적 때문이다. 이는 영원한 목적이기도 하다.

두 종류의 목적

두 종류의 인간이 있다. 영적 인간과 자연적 인간이다.

영적 인간은 의미를 소중히 여기고 진리에 순종하면서 천국의 소망을 가지고 살아간다. 반면에 자연적 인간은 세상적 즐거움과 육체적 만족을 목적으로 살아간다.

자연적 인간은 본능에 사로잡혀서 거기에 만족하는 것을 행복이라고 여긴다. 이런 자는 눈에 보이는 외형을 중시하고 세속적 삶에 안주한다.

영적 인간은 보이지 않는 세계를 목적하지만 자연적 인간은 보이지 않는 세계에 대해서는 무관심하고 죽음을 끝이라고 여긴다. 천국은 생각조차 하지 않는다. 누군가 이들에게 죽음 이후를 예비하기 위해서는 생명을 얻어야 한다는 사실을 알려주면 그는 생각하기를 지금 당장 자기 재산을 모두 버리고 현재 누리는 즐거움을 포기해야 하느냐고 반문한다. 만일 그렇게 산다면 인생에 아무 낙이 없다고 여긴다.

그것은 스스로 현재의 삶이 영적인 것과는 반대된 상태라는 것을 반증하는 것이다.

그러나 이렇게 생각해 보자.

자신의 일상 생활이 극장에서 영화로 상영된다고 생각해 보자. 영화 장면에서 자신의 삶이 상영되는데 집과 직장 생활, 취미 활동, 주변의 인물들과 관계가 상영된다.

현재의 일상 생활을 저세상에 그대로 옮겨 놓는다면 어떨 것 같은가? 저세상은 비밀이 없고 선악으로 구분하는데 자신의 삶이 어떤 상태로 바뀌게 될 것 같은가?

생각해 보라. 저세상은 완벽하게 선악으로 분류된다. 현재 자신의 삶이 어떤 상태에 머물게 될 것 같은가?

이런 생각을 하면 두렵지 않을 수가 없다.

지금 하는 일이 정의롭지 못하고 공평하지 않으며 선하지 않다면 이후의 삶에서 그는 어떤 상태에 놓여질 것인가?

자연 세계는 영계와 연결되어 있다.

인간은 그가 원하든 원치 않든 간에 현재 그가 땅위에서 살지만 이미 영계의 어느 사회 혹은 그룹에 소속되어 있다.

다만 그는 그것을 인식하지 못할 뿐이다. 자신도 모르게 그 세계와 교통하고 있음을 모르고 있을 뿐이다. 성경에는 "그리스도 예수 안에서 함께 하늘에 앉았다(엡2:6)."고 말하고 있다.

우리가 이미 하늘에 배치되어 있음을 말하는 구절이다. 정작본인 자신은 이해하지 못할지라도 지금의 그의 행동은 영계와 연결되어 있다. 그래서 주기도문에 "뜻이 하늘에서 이루어진 것 같이 땅에서도 이루어지이다"고 말씀하고 있다.

영계에 소속되어 있음을 확연하게 보여주는 것이 있는데 그것은 꿈이다. 꿈꾸지 않는 사람은 없다. 하지만 꿈에 보이는 장면이 무엇을 의미하는지 모른다. 꿈은 그가 이미 영계에 존재하고 있음을 보여준다.

재물과 세속에 젖어 사는 자들은 눈에 보이는 것만이 전부라고 믿는다. 하지만 눈에 보이는 세계는 눈에 보이지 않는 세계와 상응하고 있다.

우리가 선한 일을 했다면 영계의 어느 한 사회에 소속되어 그의 선행이 그 세계에도 동시적으로 존재한다. 또 악행 했다면 그것도 마찬가지로 영계에 존재한다.

영적 인간에게 삶의 이유를 묻는다면 이웃에게 선행하기 위함이라고 말한다. 그는 선행을 목적으로 살아간다. 또 선을 위해서 자신의 시간과 재능을 사용한다. 그에게 있어서 선은 주변의 모든 것을 지배하는 위치에 있다. 선이 최정상의 꼭대기에서 모든 것을 아우른다.

반대로 자연적 인간은 자신과 세상을 위한 삶에 목적을 둔다. 타인을 경멸하고 영적 인간을 무시하고 자신이 가장 바르게 살고 있다고 확신한다.

엄밀하게 말해서 두 인생은 목적이 다른 삶을 산다. 하나는 속사람이 원하는 인생을 살고 있고 다른 하나는 겉사람이 원하는 인생을 살고 있다.

속사람은 언제나 겉사람에게 선하게 살고 진리를 따르라고 권고한다. 그러나 겉사람은 감각적 본능을 가지고 욕심에 맞게 산다.

속사람과 겉사람이 갈등을 빚으면 바울처럼 "오호라 나는 곤고한 자이다" 라고 울부짖게 된다. 이런 외침은 겉사람과 속사람과 갈등으로 인한 안타까운 탄식이다.

이처럼 높은 데 목적을 두고 사는 자와 세상적 욕심에 목적을 두고 사는 자는 반대의 삶의 방식을 갖는다. 주와 천국, 사후를 위한 삶에 목적을 두는 자와 돈과 재물을 위해 살아가는 자는 삶의 방식에서 극명하게 차이가 난다.

사랑은 목적이다

사랑이 목적이다. 아무리 변덕스럽게 이랬다저랬다 하더라도 그의 사랑을 이해한다면 목적을 알 수 있다. 사랑 안에 목적이 들어 있다.

인간은 자기가 사랑하는 것을 목적으로 선택한다.

이웃에게 사랑하는 마음으로 선행을 했다면 그 안에 목적이 내재해 있다. 목적이 인간을 끌고 간다.

하지만 자신을 사랑하는 목적으로 사회, 나라, 국가, 교회에서 일을 했다면 악이 지배한다. 타인을 희생 양으로 만들게 된다. 사랑이 목적이고 사랑이 생명이다.

살아 있는 것은 사랑 뿐이다. 사랑 이외의 것은 파생물에 불과하다. 고로 자신의 목적이 무엇인지 분별된다면 자신이 어떤 생명을 가졌는지 알 수 있다. 이 목적은 첫째 목적에 해당되는 것을 두고 하는 말이다.

그 이유가 첫째 목적을 위해 중간 목적이 존재하기 때문이다. 목적 외의 것은 중요하지 않다는 말이다.

예수께서 시몬 베드로에게 "요한의 아들 시몬아, 네가 이 사람들이 나를 사랑하는 것보다 더 나를 사랑하느냐?" 하고 물으셨다. 이는 목적 확인이다. 그리고 베드로에게 양을 먹이라고 하시면서 이웃 사랑의 목적을 가지라고 권고하신다.

목적은 그 자체적으로 선과 악을 결정한다. 인간이 어떠하면 사랑도 그러하다. 사랑은 곧 의지이다.

악을 사랑하는 자는 그렇지 않은 것처럼 양의 탈을 쓰고 위선하지만 그 안에는 반드시 악이 도사리고 있다. 그가 이웃에게 친절을 베푸는 것은 자기 이익에 도움이 되기 때문이다.

사기꾼들이 친절을 베풀고 누군가를 현혹하는 이유는 그에게 목적하는 바가 있기 때문이다. 이유 없이 그렇게 하지 않는다. 그가 모르는 척하거나 얼굴을 돌렸다면 그것에도 목적이 있다.

목적은 선택이다.

각 인간에게는 천사와 악령이 배치되어 있다. 이들은 아주 가깝게 있다. 왜 주께서는 천사와 악령을 가깝게 존재하도록 배치하시는가? 그 이유는 인간에게 있는 자유 의지를 활용하기 원하시기 때문이다.

인간은 자유 의지를 가지고 천사든 악령이든 둘 중 하나를 선택해야 한다. 물론 본인 자신은 느끼지 못한다. 자신이 아는 것은 자신이 사랑하는 것뿐이다. 그러나 그속에는 천사와 악령이 개입되어 있다.

천사는 우리가 영적 세계에 도달하는데 도움을 주기 위해 존재하는 영이다. 그들은 인간에게 도움을 주고자 다양한 방법을 동원한다.

먼저는 인간에게 다가와서 인간과 일치되기를 원한다. 그렇게 하는 이유는 자신의 선한 의도를 전달하기 위해서이다. 이때 인간은 느끼지 못하지만 마음에 감동을 받거나 문득 변화되고자 하는 마음을 갖는다.

이는 악령들도 마찬가지 방법으로 자신들과 인간이 일치되게 설득한다. 그래서 인간들로 하여금 거듭나지 않고 본능적이 되도록 하여 자신들이 갖고 있는 지옥적 생각을 갖기를 원한다. 그 목적을 위해 악령들끼리 뭉친다.

예컨대, 성경에 등장하는 개, 부엉이, 파리, 늑대, 돼지 등 모두 종류가 다르지만 하나 하나가 악한 인격들이다.

그런 인격을 충동질하여 연합해서 인간을 공략한다. 악을 위해 각자가 갖고 있는 적개심과 공격성을 불태운다.

영혼을 흔들어 마음속에 내재된 진리를 소멸시키기 위해서이다. 악령의 공격을 받고 지옥 구덩이로 떨어진 인간들은 부지기수이다.

하지만 선한 목적을 가진 자는 그에 대한 반발과 반작용으로 더욱 진리를 부여잡는다.

그러면 악령들은 매우 불편해 하면서 자기 뜻대로 되지 않으면 스스로 떨어져 나간다. 이런 식으로 변화가 주어진다.

목적은 사람을 만든다

목적은 사랑이고 사랑은 생명이다. 고로 목적과 사랑을 알면 그가 어떤 사람인지를 알 수 있다.

첫째, 인간의 행위 속에는 목적이 담겨있다.

행위를 보면 그의 목적을 알 수 있다.

둘째, 사랑은 그의 생명이다.

사랑은 본질적으로 생명이다. 무엇을 사랑하는지를 보면 그의 생명 수준을 알 수 있다. 선을 위한 목적을 가지고 살았다면 천국 상태를 느끼게 될 것이고 욕심을 가지고 살았다면 지옥 상태임을 느낄 것이다.

천국은 선한 목적을 가진 자들이 있는 곳이다. 그럴 리는 없지만 악한 목적을 가진 자를 천국에 들여다 놓으면 그는 천국 빛 앞에서 버티어낼 수 없다. 오히려 그는 더 큰 고통으로 몸부림칠 것이다.

왜냐하면 목적에 따라 운행하는 세계에서 목적이 다른 상태는 지극히 이질적 상태이기 때문이다. 지옥에 있는 자가 천국에 있는 자와 함께 할 수 없듯이 악한 목적이 있는 자는 선한 목적이 있는 자와 함께 할 수 없다. 목적이 충돌하기 때문이다.

목적 변화가 상태 변화이다

창세기에 하나님께서 빛을 만드시고 하나님이 보시기에 좋았더라고 하였다(창1:4). 빛을 만드심은 하나님의 목적을 의미한다. 하나님은 빛을 만드시고 보시기에 좋았다고 하신다.

좋았다는 표현은 선(good)이라는 뜻이다. 빛이 선 자체 되신 주께로부터 나왔기 때문이다.

반면에 어둠은 인간 스스로가 빛이라고 믿어왔던 것을 의미한다. 그러니까 어둠은 인간에게 어울리는 본능으로 구성되었다.

인간이 선한 목적을 위해 열심히 노력하고 있다면 그는 선한 상태를 유지한다. 그가 더러운 짓을 벌이고 있다면 그의 상태 또한 그러하다. 목적은 생명이고 상태를 만들어낸다. 고로 목적이 바뀌지 않으면 상태 또한 바뀌지 않는다.

이처럼 목적과 상태는 하나가 되어 움직인다. 상태가 바뀌면 목적이 바뀌고 목적이 바뀌면 상태가 바뀐다. 그리고 그의 생각도 바뀐다. 생각은 목적과 함께하기 때문이다.

목적은 영혼을 만든다.

삶의 방식은 각자의 목적에 따라 차이가 있다. 그것은 한날 한시에 태어난 형제간이라도 다르다. 각자 성격이 다르고 관심 분야가 다르고 취미가 다른 것은 목적에 다라 파생된 인격이 다르기 때문이다.

재물에 목적을 가진 자는 재물을 사랑하기 때문이고 쾌락에 목적을 두는 자는 쾌락을 사랑하기 때문이다.

동상이몽이라는 말이 있다. 한 이불을 덮고 함께 잠을 자지만 서로 다른 꿈을 꾼다는 말은 서로 다른 생각을 하고 있다는 말이다. 아무리 취미가 같고 행동이 비슷하더라도 마음은 판이하게 다르다. 각자가 사랑하는 바가 다르기 때문이다.

선을 사랑하는 자에게 주께서 어떻게 나타나시는가?

선악의 상태에 맞게 임하신다. 선을 사랑하는 자는 상태에 맞게 봄철의 따뜻함으로 임하신다. 반대로 악을 사랑하는 자에게는 상태에 맞게 겨울의 냉랭함으로 나타나신다.

이 말의 의미는 주께서는 목적에 따라 나타나신다는 뜻이다. 선한 목적을 가진 자는 사랑과 선행으로 임하시지만 악한 목적을 가진 자는 그들의 차가운 상태에 맞게 나타나신다.

목적은 상태를 이루고 그 목적에 맞는 삶이 주어진다.

목적은 삶의 방향을 정해준다.

인간은 두 가지 능력을 가지고 있다. 의지력(will)과 이해력(understanding)이다. 의지와 이해는 마음을 구성한다. 의지는 목적을 의도한다.

마치 활을 겨누는 방향에 따라 화살이 나가듯이 목적에 따라 결과가 주어진다. 즉, 무엇에 대한 의지를 갖느냐에 따라 목적이 달라진다.

의지에 따라 천국과 지옥의 방향이 나뉜다.

진리는 그 자체적으로 힘이 있는 것이 아니고 의지와 결합했을 때만 생명을 갖는다. 문자로 쓰여있는 글은 보는 이가 의지를 가지고 보았을 때만 힘을 발휘한다.

의지가 없으면 진리는 기억에만 머물고 만다. 진리를 사랑하고 실천하고자 하는 의지를 가질 때 힘을 발휘한다. 선한 의지가 진리를 접했을 때 생명이 주어진다.

목적을 살펴봄

겉으로 보아서는 그가 어떤 목적을 가지고 있는지 알 수는 없다. 하지만 지혜로운 자는 행위속에 무슨 목적이 있는지를 살펴본다. 또한 자신도 어떤 목적으로 행동하는지를 성찰한다.

지혜있는 자는 그 일이 자신만을 위한 것인지 아닌지를 구분한다. 겉보기에 타인을 위한 것처럼 보이지만 더 깊이 들어가 보면 자신만을 위할 수 있기 때문이다.

왜냐하면 인간은 언제나 자기중심적으로 생각한다.

목적이 흐릿하면 자신이 서있는 위치도 불안하다. 고로 우리는 목적을 명확하게 분별하는 지혜가 필요하다. 목적을 분별하는 방법은 이 일이 자신만을 위한 것인지 아니면 타인에게 유익을 주는 일인지를 살펴야 한다. 즉, 선용과 악용을 비교해서 판단해야 한다.

이러한 분별 작업을 습관처럼 하다 보면 나와 너 사이의 경계를 정할 수 있고 타인을 침해하는 일을 방지할 수 있다.

나와 너를 명확하게 구분할 수 있다면 타인을 이해할 수도 있다. 그리고 자신을 어느 정도 분별할 수 있다.

성경에는 열매를 보고 그를 안다고 하였다. 이 일이 선한 목적인지 아닌지를 알 수 있는 것은 열매를 보아서 이다.

그 열매는 선을 의미한다.

목적에 따른 마음 상태

선의 목적이 세워지면 그에 맞는 마음의 틀이 형성된다. 고로 마음은 목적에 따라 상태가 형성된 결과라고 할 수 있다.

그리고 형성된 마음이 그를 이끌게 된다. 그 마음은 목적에 따라 움직인다. 목적에 따라 마음이 움직인다.

다시 말해서 선한 목적을 가지면 선한 마음, 악한 목적을 가지면 악한 마음의 상태가 만들어진다. 그것은 목적의 방향에 따른 결과이다. 즉, 선용 혹은 악용의 결과가 드러난다.

삶의 목적

삶의 목적은 무엇인가?

가끔 존경하는 분 앞에 말한마디 못하고 쥐 죽은 듯이 앉아있거나 쭈뼛하면서 버벅거리는 경우가 있다. 그가 어려워서일 수 있고 싫어서일 수도 있다.

처음에는 자신의 마음을 제대로 표현하지 못한다고 할지라도 시간이 지나면서 사랑하고 있는지 미워하는지의 진심이 드러난다.

목적은 다른 것보다 우선적으로 사랑하는 것을 말한다.

만약 선용의 목적을 가지면 매번 의식하지 못했다고 할지라도 실생활에서 표출된다. 은연 중에 제스츄어나 말하는 태도 등에서 드러난다.

인간의 삶의 목적은 현재부터 영원에 이르기까지 행복한 삶을 사는 것이다. 행복을 얻으려면 생명이 있어야 한다.

생명은 인간이 만들 수 있는 것이 아니고 주께서 주셔야 한다. 그런데 주께서 주시는 원리가 있다. 인간은 그 원리에 따라 살아갈 때 생명을 얻는다.

첫째, 악의 세력이 침범하지 못하도록 해야 한다.

마음속에 있는 선을 갉아먹는 악의 세력이 있다. 악의 세력이 생명을 침범하지 못하도록 해야 한다. 풀밭에 맹수들이 살면 양들이 머물수 없는 것처럼 악이 있으면 선이 존재할 수 없다.

고로 마음속에 있는 악의 요소를 제거해야 한다. 주께서는 악의 세력이 침범하지 못하도록 우리를 도와주시는 분이시다.

욕망, 미움, 적개심, 분노, 증오심, 복수심이 없다면 어떤 악의 세력도 접근하지 못한다. 생명은 선을 사랑하는 의지가 있을 때 주어진다. 그래야만 생명을 얻고 평화와 안식을 누릴 수 있다.

둘째, 위로부터 거듭나야 한다.

주께서 유대인의 지도자 니고데모에게 거듭남에 대해서 말씀하셨다(요3:1-5). 거듭나지 않으면 하늘나라를 볼 수도 없다고 하셨다. 거듭난다는 것은 새롭게 변화받는 것을 의미한다.

고로 자신과 세상만을 위해서 살다가도 거듭나면 삶의 목적이 전환된다. 주와 이웃을 사랑하는 삶으로 바뀐다.

만일 세상에서 주를 사랑하고 이웃 사랑하는 의도를 가졌다면 그 의도는 이후에 저세상에 가서도 그대로 유지할 것이다. 인간은 의도대로 살아간다. 저세상은 인간이 가지고 있는 의도가 배열되는 나라이다.

고로 삶의 목적이 거듭나야 한다. 목적이 바뀌는 것은 의지가 바뀌는 것을 말한다. 이전의 의지가 아니라 새로운 의지를 부여받는 것이다. 이전에는 자신이 하는 일이 가장 중요하다고 생각했지만 이제는 자신이 그리 중요한 존재가 아님을 깨닫는다. 중요한 것은 천국이고 사랑임을 알게 된다.

셋째, 천국은 선용을 사랑하는 백성들이 모인 곳이다.

우리가 선용을 삶의 목적으로 정하는 이유는 천국이 선용을 사랑하는 곳이기 때문이다. 천국이 선용의 나라임을 알게되면 세상을 대하는 삶의 태도가 달라진다.

그는 선용을 통해서 선을 공급하는 삶으로 살아간다. 천국은 선용을 사랑하는 백성들이 모인 곳이다. 그들은 모두 선용을 위해 삶을 헌신했던 자들이다.

가정, 교회, 사회, 국가에서 선의 메신저 역할을 감당하는 자들이다. 사실 우리도 해야 한다. 자신을 최고로 여기는 자는 결코 선용을 사랑할 수 없다.

무엇을 위한 목적인가?

자기 만족을 위해 살아가는 자가 있다. 만족을 위해 살다보면 자신은 만족하지만 가족과 주변인에게 피해를 끼친다는 점이다.

하지만 정작 본인은 가족과 주변인에게 피해를 주면서도 자신이 무슨 짓을 하고 있는지를 모른다. 타인이 왜 힘들어 하는지 왜 자신을 비판하는지 그 이유를 모른다. 그래서 이들이 쓰는 말은 "내가 무엇을 잘못했다고 그러는 거야, 왜 나만 가지고 그래?" 이다.

그리고 그렇게 할 수 밖에 없는 이유를 댄다. 또 자신을 피해자로 만들고 세상, 사회, 개인을 가해자로 극대화한다.

이들이 생각하는 세상은 자기를 위해 존재하는 세상이다. 자신은 보상 받을 자격이 충분하다고 믿는다. 자신만 잘되면 모든 것이 좋아지고 평화로울 것이라고 여긴다. 그때까지 주변인은 희생해도 괜찮다고 여긴다.

비록 지금은 이래도 돈만 벌면 모든 것이 안정되고 평화롭게 될 것이라고 여긴다. 그래서 입으로 말하기를 "내가 돈으로 모두 갚아주면 되잖아!" 하고 소리를 지른다. 그러나 그런 기회는 결코 오지 않는다.

이들에게 있어서 환경은 자기를 위한 수단에 불과하다. 그래서 이들을 조금이라도 높여주면 스스로 말하기를 "누가 나처럼 할 수 있단 말인가?" 하면서 자화자찬한다.

우리는 삶의 목적이 과연 자기를 위함인지 공동의 선을 위함인지 스스로 목적을 물어야 한다. 하지만 그 목적을 제대로 알기란 어렵다. 모두 말하기를 자신은 공동의 선을 위해 일하고 있으며 적어도 자신을 위함이 아니라고 말한다.

그 차이를 제대로 밝히기는 어렵다. 그들도 자신의 의도를 정확하게 모른다. 오히려 자신은 대단히 잘하고 있다고 착각한다.

그럼에도 불구하고 알 수 있는 방법은 애착이다. 애착을 보면 목적을 알 수 있다.

마음에는 지적인 애착이 있는데 그 애착에는 겉과 속이 있다. 속은 지각에 대한 애착이고 겉은 사상의 애착이다.

만일 누군가 진리를 알고자 한다면 그만큼 지각을 갖는다. 애착이 있는 만큼 지각이 열린다. 애착이 있으면 지각의 결핍은 없다. 그러나 진리에 대한 애착이 없으면 지각이 열리지 않는다. 분명 우리가 알아야할 것은 똑같은 진리를 가지고 기억에 저장하는 애착과 이해하고자 하는 애착과 실천하고자 하는 애착이 다르다는 사실이다.

결합의 원리

선, 진리는 개별적인 것처럼 보이지만 둘은 서로를 끌어당기는 성질을 갖고 있다. 진리는 선과 결합하고자 하는 목적을 가지고 있고 선도 진리와 결합하고자 한다. 각자가 의미가 다르지만 결합하고자 하는 목적은 같다.

선은 한도가 없다. 선한 마음의 끝이 있겠는가? 하지만 진리는 범위가 정해져 있다. 어디부터 어디까지 경계선이 명확하다. 이처럼 영역은 다르지만 둘은 연합하여 하나를 이룬다.

진리와 선이 결합하기 위해서는 다음의 과정을 거쳐야 한다.

첫째, 선의 목적을 가질 때 진리와 결합한다.

비록 진리를 모르는 사람이라고 할지라도 그가 선한 삶을 원한다면 진리의 발걸음을 걷게 된다. 바른 삶을 살게 된다. 그것은 그의 마음속에 있는 선이 진리와 결합하였기 때문이다.

또한 선을 간절히 원하는 만큼 진리를 깨닫게 된다. 그러면서 진리의 합리성이 확장된다.

다시 말해서 선과 진리의 결합으로 합리성이 커지므로 선과 진리의 깊이와 높이와 넓이가 확장된다.

우리가 축복 기도라는 표현을 하는데 축복의 내적 의미는 결합을 의미한다.

창세기에 이삭이 야곱에게 축복하였다는 말이 나온다. 이는 야곱이 출세하고 사업이 번창하라는 뜻이 아니다.

그러면 축복의 의미는 무엇일까?

축복함은 큰 자가 작은 자에게 복을 비는 것이다. 이삭 자신이 하나님께 받은 은혜를 야곱에게 전수한다는 의미이다.

영적 의미로 이삭은 합리적 성품을 의미하고 야곱은 진리를 추구하는 지식을 의미한다. 이삭의 합리성과 야곱의 진리 추구의 마음이 결합하는 의지적 기도이다.

이처럼 축복 기도의 의미는 이삭과 야곱의 내적 의미와의 결합이다. 그 이후 야곱은 진리의 세계로 발전한다.

둘의 결합은 합리적 성품과 진리 추구하는 지식의 결합이다. 즉, 지식을 진리로 발전하기 위해서는 합리성이 접목되어야 한다는 말이다.

선과 진리의 결합은 매사에 바르게 살면서 선한 존재가 되어가는 것이다. 이는 우리에게 많은 의미를 가르쳐준다. 어려서부터 선하게 살고 바르게 되는 길을 가르친다는 것은 선과 진리의 눈을 뜨게 만들어주는 길이다.

비록 그가 직접적으로 진리를 접하는 기회를 얻지 못했을지라도 인생 살면서 올바른 길이 삶 속에 이미 배치되어 있는 것이다. 거기에다가 천국 빛이 그의 마음에 비치게 된다. 이것이 축복이다.

둘째, 합리성이 중요한 역할을 한다.

본능적 인간은 제 멋대로 살고자 하는 욕망을 갖고 있다. 하지만 인간은 본능 이상의 합리성을 갖고 있다. 고로 합리적 판단을 하는 자와 하지 않는 자는 차이가 있다.

합리적 판단에는 선의 목적이 들어 있다. 비록 그가 자연적 성품을 가졌더라도 합리적 사고를 하다보면 선한 성품으로 변화된다. 합리적 사고를 노력하면 점차적으로 발전해서 영적 사고에 이른다. 천국가는 길에는 합리성이 대단히 중요한 역할을 한다. 합리성과 교통할 때 천국 빛이 흘러들어 지혜와 총명이 주어지기 때문이다. 그리하여 자연적 성품이 영적 성품으로 승화된다.

인간은 합리적 과정을 거쳐 영적인 성장을 이룬다. 인간은 천국 빛의 유입에 따라서 생각한다.

그나마 미약한 수준의 선과 진리를 갖고 있더라도 합리성과 연결되면 반드시 성장하게 된다. 하지만 합리성 없이 본능적 욕망에만 의존한다면 영적 문이 닫힌다.

합리적이지 않을 때 하늘과의 교통은 단절된다. 이 경우는 천국의 빛이 차단되기 때문에 어둠속에 머물고 만다. 그의 성품은 어둠 속에서만 생활하는 부엉이 수준이 된다.

합리성과 진리

합리성은 지혜를 지각하는 능력이다. 이것은 창조시에 사람에게 주어졌다. 합리성은 내적으로 사물을 이해하고 선악을 구별한다. 이것으로 인간은 짐승과 구별된다.

우리는 알아가는 즐거움을 가지면서 합리성이 발달한다. 이는 배움이 얼마나 중요한 것인가를 말해 준다.

그 이유는 지식의 폭이 확장되면서 합리성과 결합하여 진리를 이루기 때문이다. 그 진리는 삶에 적용된다.

합리성 안에는 선한 목적과 함께 진리에 대한 애착이 들어있다. 진리를 알고자 하는 사람은 애착과 지각이 한 몸처럼 조화를 이룬다. 그러나 애착없이 진리만 가진 자는 합리성을 이루지 못한다. 지각의 능력이 없으면 주께서는 그들 안에 계시지 않는다.

나는 예전 어느 교회에서 서울대학교를 다니는 학생이 내게 이것을 물었다. "성경에는 선악과를 먹으면 정녕 죽는다고 했는데 왜 안죽었나요?" 그 말은 선악과를 먹는 즉시 아담과 하와가 그 자리에서 죽었어야 했는데 그렇지 못했다는 말이다.

나는 그 당시에는 말을 못했다. 그러나 이제 그가 물어 본다면 제대로 말해 줄 수 있다. 성경에 선악을 아는 지식의 나무의 열매를 먹었다는 것은 인간의 상태가 완전히 감각 상태로 익은 모습을 말한다.

뱀이 여인에게 말했다. "너는 정녕 죽지 않을 것이다. 그 이유가 하나님께서는 네가 그것을 먹는 날에 네 눈이 열려질 것이고 네가 선과 악을 앎에서 하나님 같이 있을 것임을 알기 때문이다(창3:4,5)."

뱀의 꾀임을 받았다는 말은 뱀이 상징하는 감각을 뜻한다.

"그것을 먹는 날에는 너는 반드시 죽을 것이다."라는 구절은 육체적인 죽음을 말하는 것이 아니고 지각의 소멸을 의미한다. 눈이 열려진다는 말은 감각과 기억을 가지고 진리를 판단하겠다는 뜻이다. 그러나 이 일은 절대로 불가능하다. 그래서 죽는다는 말이 나온다.

이는 주께서 주신 세계를 감각으로 판단하는 것은 불가능할 뿐 아니라 감각으로 판단하게 되면 이전에 주셨던 지각마저도 없어진다. 하나님같이 된다는 말은 스스로 자신을 주인으로 여기고 독립적으로 사는 것을 말한다. 인간의 본성은 주께 복종하고 싶어하지 않는다.

본성적인 자는 겉으로 보기에는 합리적, 도덕적인 것처럼 보이지만 내적으로는 감각적이고 광적 상태에 불과하다.

태고인들은 빈틈 없고 간교하고 추리하는데 재간이 있고 약삭빠르며 감각적인 상태를 뱀이라고 불렀다.

속사람과 겉사람의 원리

속사람과 겉사람이 하나된 상태를 알려면 어린아이의 모습을 보면 알 수 있다. 아이들에게는 속사람의 지시대로 행동하는 순진무구함이 있다.

어린아이의 몸짓과 얼굴을 보면 꾸밈이 없고 가식이 없다. 속에 나오는 생각을 꾸미지 않고 그대로 드러낸다.

아이들은 주위의 모든 것을 신뢰하기 때문에 아이들의 이런 모습을 보고 어른들은 아이들을 사랑하게 된다.

아이는 거짓 없이 놀이와 재미에 푹 빠진다. 즐거워할 때는 포복절도할 만큼 재미있어 하고 아플 때는 소리내어 운다. 그러다가 금방 웃기도 한다. 우리는 천진스러운 아이의 얼굴에서 깨끗하고 순수한 모습을 본다. 아이들은 자신들이 그런 얼굴을 가지고 있다는 사실조차 모르고 재미와 모험의 나라를 찾는다. 아이들은 자신이 벌거벗고 다니면서도 전혀 부끄러움이 없고 옳고 그름의 인식조차 없다.

우리는 선행한 이후에 느껴지는 평안과 기쁨이 가득한 얼굴 표정에서 속사람이 겉사람과 일치된 모습을 볼 수 있다. 속사람에서 올라온 기쁨이 얼굴 표정에서 그대로 드러나기 때문이다.

선행은 속사람의 지시대로 겉사람이 행동한 상태이다. 겉으로 하는 행동을 보면 겉과 속과 일치하는지를 대강 어느 정도는 알 수 있다. 전부를 알 수 없는 이유는 자신을 포장하기 때문이다.

그러나 한번도 겉사람과 속사람이 일치된 삶을 살아보지 못한 자들은 겉과 속이 분리된 삶을 사는데 너무나 익숙해져서 자신이 그런 인생을 살고 있는지 조차 모른다.

하지만 겉사람이 속사람과 일치된 자는 그 자체가 아름다운 형체를 유지한다. 속사람 형체의 아름다움이 외적으로 드러나기 때문이다. 사람들은 이를 두고 솔직하다는 표현을 쓰기도 하고 교양미라고 말하기도 한다. 속사람과 겉사람이 일치된 아름다움은 천국의 광경이다.

우리는 행동을 보면서 속사람과 겉사람의 일치와 불일치의 품질을 알 수 있다. 그 증거는 이렇다.

첫째, 하나님이 살아계심을 믿고 인정하는 자이다.

이들은 진정한 교회는 삶에서 주님 사랑과 이웃 사랑을 실천하는 것으로 믿는다. 생활속의 교회이다. 이들은 양심이 가르쳐주는 대로 살아가고자 한다. 속사람과 겉사람이 일치된 상태이다.

둘째, 욕심에 젖어서 신앙 생활하는 자이다.

자신은 믿음이 좋은 줄로 여기고 있지만 양심이 없고 인색하고

자만하고 자기 주장이 옳고 타인을 무시하며 거들먹거리고 지배욕이 가득하다. 오히려 세상 사람만 못하다.

셋째, 교회 직분이 구원을 가져다 줄 것으로 여기는 자이다.

교회 중직을 맡아서 자신이 교회 대표라도 되는 양 의시대는 자가 있다. 이들은 자기 신앙이 최고라고 과시한다. 자신은 선택 받은 자이며 상을 크게 받을 것이라고 생각한다. 하나님이 자신을 크게 사랑하시므로 더러는 욕심을 부려도 하나님이 다 이해해 주실 것이라고 믿는다.

넷째, 스스로 대단한 존재라고 여기는 자이다.

이들은 자존심이 강하고 자기 주관이 강하며 한쪽에 치우친 편견에 빠져 있다. 자신을 타인이 인정해주지 않는 것이 화가 나지만 참고 지내고 있는 것이라고 생각한다.

우리가 아무도 보는 이가 없더라도 양심을 지키고 선행에 힘쓴다면 그는 속사람과 겉사람이 일치된 삶을 사는 자이다.

속사람과 겉사람이 일치되지 않는 이유는 자신만을 사랑하거나 세상만을 사랑하는 목적을 가졌기 때문이다. 그의 목적이 자아적이고 세상적이면 결코 속사람과 일치될 수 없다.

아무리 겉을 꾸미고 아름답게 보이려고 노력해도 세상 목적이 그 마음에 가득하기 때문에 속사람과 거슬리게 된다.

이미 타인을 무시하고 증오하는 삶을 살고 있어서 속사람과는 정반대의 삶을 살아간다. 이런 자들의 본심을 알려면 자유를 주어보면 알 수 있다. 아무도 보는 이가 없는 상황이 되거나 무법

천지가 되었을 때 그들의 행동을 보면 알 수 있다. 법적 제재가 없을 경우에 어떤 행동을 하는지를 살펴보면 무엇을 목적하는지를 파악할 수 있다.

만약 그런 환경이 주어졌을 때 타인의 생명과 재물을 약탈한다면 이들의 마음속에 도사리고 있던 악이 뛰쳐나온 것이다.

이들의 겉사람의 형체는 물질의 욕망에 쩔어서 이미 추악한 상태가 되어 있다.

속사람과 겉사람에 대해 두 가지를 생각해 보고자 한다.

첫째, 속사람은 양심을 가지고 선용하기를 원한다.

속사람은 양심과 선용을 위한 삶을 살기를 원한다. 모든 인간은 삶을 주도하는 사랑을 가지고 있다. 주도적인 사랑에 따라 인생 방향이 결정된다. 중요한 사실은 그 주도적 사랑이 생명의 품질을 결정한다는 점이다. 주도적 사랑이 양심의 법을 따른다면 속사람과 일치된 삶을 사는 것이다.

둘째, 생명의 품질이 결정된다.

겉사람이 사랑하는 대상을 보면 생명의 품질을 알 수 있다. 제각기 삶의 형태가 다른 이유는 사랑의 대상 때문이다. 즉, 무엇을 사랑하느냐 이다. 세상에는 백화점의 상품이 진열되어 있듯이 사랑해야할 대상들이 널려 있다. 그 많은 것 중에 무엇을 사랑하느냐 하는 것은 품질을 드러낸다. 생명의 품질을 결정한다.

우리가 알아야할 사실은 사후에 누구든지 생명의 품질이 그대로 전개된다는 사실이다. 그가 일생동안 무엇을 사랑했느냐에 따라 사랑이 적나라하게 숨길 수없이 펼쳐지기 때문이다.

아마 그때가 되면 자신도 자신의 상태를 보고 놀랄 수밖에 없다. 인간이 일생을 살아간다는 것은 사랑의 대상을 찾아서 사랑한다는 말이다. 고로 현실에서 세속에 대한 애정을 제거하지 않는다면 반드시 사후에 불행에 떨어지고 말 것이다.

속사람과 선용

속사람과 겉사람은 확연하게 다른 존재이다.

속사람은 선과 진리와 양심을 겉사람에게 공급하고 겉사람은 기억과 감각을 통해 세속과 접촉한다.

속사람은 양심, 선과 진리를 목적하며 겉사람은 기억을 바탕으로 추론을 가지고 세상과 접촉한다. 이처럼 속사람과 겉사람의 역할은 다르다. 결국 겉사람은 속사람을 섬기는 존재이다.

속사람은 하늘의 처소이다. 고로 겉사람은 속사람의 것을 받아서 행동해야 한다. 속사람은 타인에게 선용하도록 겉사람을 권고한다. 주께서 속사람에게만 생명을 주시는 이유는 겉사람이 속사람에게 순종하도록 하기 위함이다.

만일 속사람이 없다면 하늘의 생명을 받을 수 없으므로 그는 이미 죽은 자에 불과하다. 이와 같은 원리는 영혼과 육체의 관계와 같다. 영이 물러나면 육체는 그 즉시 죽게 되는 이치이다.

겉사람과 선용

겉사람은 속사람의 것을 받아서 세속과 접촉하는 존재이다. 인간은 겉사람을 통해서 선용을 한다. 엄밀하게 말해서 겉사람은 선용을 위한 도구이다.

겉사람이 속사람에게 복종하면 어떤 결과가 주어지는가?

첫째, 양심과 함께 선용할 수 있다.

둘째, 추론을 통해 합리성이 생긴다. 그래서 영적으로 진보하게 된다. 양심에 비추어 추론할 때 높은 차원의 지각이 열린다.

반대로 겉사람이 속사람과 단절하면 어떤 결과가 주어지는가?

첫째, 감각적 인간이 된다.

감각의 바탕에서 진리를 해석하므로 악을 선으로 선을 악으로 거짓을 진리로 진리를 거짓으로 믿는다.

둘째, 합리성이 제거되어 거짓된 신념에 사로잡힌다.

합리성이 배제된 추론은 감각과 기억에 의존한다. 이는 짐승과 같은 수준이다. 결국 거짓 사상이 그를 지배하게 된다.

셋째, 세속적 인간이 된다.

자신과 세상 외에는 그 어떤 것도 사랑하지 않는다.

넷째, 자아 만족을 위해 움직인다.

감각적, 지옥적, 육적 자아애를 갖는다. 그래서 슬프고 불쾌하고 무서운 지옥 불의 상태에 머물게 된다.

다섯째, 탐욕, 식욕, 성욕을 위한 지식과 망상에 사로잡힌다.

이들은 본능적 지식의 범주를 넘지 못하고 도덕적, 영적인 것이 없다.

겉사람의 악

첫째, 겉사람의 악이 옮겨지면 속사람의 악도 옮겨진다.

겉사람의 악을 옮기지 않으면 속사람의 악도 옮길 수 없다.

둘째, 겉사람의 악이 옮겨지지 않으면 정욕이 가득하게 된다.

의지 안에 정욕이 있고 이해 안에 음흉한 생각이 있다. 정욕은 의지와 이해로 하여금 악을 용납하게 만든다. "나는 너희에게 이르노니 음욕을 품고 여자를 보는 자마다 마음에 이미 간음하였느니라(마5:28)." 정욕은 불이요 불꽃은 악이다. 악을 버리지 않으면 정욕은 더욱 늘어난다. 사기꾼은 더욱 사기치고 도둑은 더욱 도둑질을 한다. 인간은 정욕을 못보지만 쾌락은 알 수 있다. 정욕의 쾌락이 악이라는 사실을 모르면 정욕을 선한 것으로 여겨 변명하게 된다. 결국 정욕은 그의 행동을 지배한다.

셋째, 겉사람의 악을 옮기기 위해서는 인간이 협력해야 한다.

성찬식을 할 때 권고문이 있다. 자기 검토, 죄의 시인과 고백, 참회, 새생활 권고가 있다. 이대로 하지 않으면 거룩과 죄를 혼합한 죄로 지옥을 면치 못한다고 경고하고 있다. 인간의 동의 없이는 진리를 받아들일 수 없으며 결단도 없다.

넷째, 겉사람의 악을 스스로 옮겨야 한다.

악과 대항하여 싸워야 한다. 그렇지 않으면 악으로부터 돌아서지 못한다. 악과 싸우되 스스로 하는 것처럼 해야 한다. 그러나 악을 죄로 여겨 끊지 않고 다른 이유에서 악을 끊는다면 악을 드러내는 정도에 지나지 않는다.

천국 빛

자연에는 보이지 않는 힘과 기운이 흐른다. 힘 있는 누우 떼, 붉은 빛깔의 홍학의 무리, 떼를 지어 다니는 기러기 등의 광경을 보면 살아있는 힘이 느껴진다. 그 힘과 함께 색깔의 조화는 더욱 아름답고 신비스럽다. 자연은 색깔과 더불어 신비스러움을 더해 간다.

자연은 그들의 색깔을 창출한다. 동물이든 식물이든 빛을 받아들이는 성질에 따라 다양한 색깔의 조화를 이룬다.

마찬가지로 하늘의 빛이 각 인간의 마음에 비칠 때 나타나는 색깔은 개인의 인격에 따라 다르게 나타난다.

어떤 이는 스펀지처럼 영적 빛을 잘 받아들이는가 하면 차가운 얼음처럼 빛을 거부하는 이들도 있다. 어떤 면은 받아들이고 어떤 면은 거부하기도 한다.

성경에는 그 빛은 사람들에게 생명을 주는 빛이라고 말한다.

"각 사람에게 빛이 비췄고 이 생명은 사람들의 빛이라(요

1:4)."

이 말은 각자에게 영적 빛이 비치지만 그 빛은 받아들이는 자의 상태에 따라 다른 결과가 나온다는 뜻이다. 각자의 목적에 따라 선용과 악용으로 결과된다.

천국을 목적하면 선용이고 자신과 세상을 목적하면 악용으로 드러난다. 이것이 생명의 품질이다.

이해력의 능력

이해력은 신체의 눈과 같은 기능이다. 성경에 눈이 밝다는 의미는 이해력이 있다는 뜻이다. 이해력은 진리를 지각한다.

첫째, 이해는 천국 빛을 받아들이는 능력이다.

천국 빛을 받게 되면 높은 이해력이 생겨서 진리를 지각한다. 이해가 천국 빛을 받으면 에덴 동산의 봄철의 빛 같이 된다.

둘째, 거짓과 악은 이해력을 끌어 내린다.

거짓과 악은 인간의 감각적 사랑을 부추겨서 이해를 어둡게 하여 결국 진리와 충돌하도록 만든다. 이해력이 없으면 거짓에 덮히게 되고 결국 희생 당하고 만다. 고로 이해력이 둔한 자의 사랑은 불 장난에 그치고 만다. 그에게 열정은 있으나 짙은 어둠 속에서 방황한다. 이해력은 사랑과 함께 진실된 것을 직시하는 분별력이다. 이해력이 어두우면 지혜를 끌어 내린다.

우둔한 자의 이해력은 불순한 것에 의해 침범 당하고 더럽혀진다. 그래서 성경에는 지혜를 구하라고 하였다.

이해 안에 지혜가 있으면 참과 거짓을 분별하는 능력을 갖는다. 만약 이해력이 천국 빛으로 고양되면 진리를 지각한다.

생명의 품질

인간은 각자 자신의 생명 품질에 맞는 삶을 살아간다. 어떤 이는 죽음에 대해 말하기를 죽음은 혼백이 연기처럼 사라지는 것이라고 믿는다. 인간은 세상에서 살다가 연기같이 사라지는 것이고 저세상은 없다고 말한다. 그는 오직 세상에서만 만족을 누리는 것이 제일이라고 믿는다. 이들에게 내세에 대한 소망은 없다.

그런데 이런 자들 중에는 타인을 짓밟는 일들을 서슴치 않고 어떻게 하든 남과 경쟁해서 이기고자 하고 타인을 부려먹기를 좋아한다. 타인을 하찮은 벌레처럼 여긴다. 권력을 쥐고는 광분한 세상으로 만든다. 이들의 사상에는 근본적으로 하나님이 없기 때문에 절대적 가치 기준이 없고 바르게 살면서 선행해야 한다는 생각도 없다.

이들은 즐길 수 있는 것은 무엇이든 가능하다고 여긴다. 그것에 기초해서 타인에게 영향을 끼친다.

동성애를 성적 취향으로 여기고 동성애 혼인 법을 따른다. 또한 쓰레기 사상을 옹호하기 위해 차별 금지법을 만든다. 이 모두가 선에 대한 절대 가치 기준이 없기 때문이다.

이들은 영적 세계에 대해 전혀 관심이 없고 절대적 진리를 인정하지 않고 선행의 마음도 없다. 인생에서 살면서 이런 짓들을 벌이지만 천사들은 그들에게 살며시 다가온다.

이런 자들에게 천사가 찾아오는 이유는 어떻게 하든지 선과 진리를 심어주기 위함이다. 물론 그들이 전혀 감지하지 못하지만 천사는 은근하게 선과 진리를 심어준다.

사랑과 지혜

사람은 하나님의 형상과 모양대로 창조되었다(창1:26). 하나님의 형상은 그분의 지혜를 의미하고 하나님의 모양은 그분의 사랑을 의미한다.

본래 사람은 사랑과 지혜를 가진 존재로 창조되었다. 사랑은 생명의 존재이고 지혜는 생명의 실재이다. 사랑과 지혜는 사람의 생명이다.

인간은 초기에는 오감을 통해서 사물에 대한 이해를 한다. 그 이해는 점차적으로 지혜로 발전한다.

주께서는 사랑과 지혜 자체가 되신 분이시다. 주께서 사람 안에 생명을 주시고 거하기 위하여 필연적으로 그분을 위한 거처를 사람 안에서 창조하셨다.

사랑을 위해서는 의지를 지혜를 위해서는 이해를 두셨다. 사람의 마음속에 의지와 이해를 두셨다. 사랑과 지혜는 주께로부터 나온다.

사후에는 인간에게 사랑과 지혜 밖에 남는 것이 없다.

사랑은 존재라면 지혜는 형상이다. 지혜라는 형상속에 사랑이라는 내용을 담고 있다.

이를 설명하기 위해서는 신체를 살펴보아야 한다. 인간에게는 심장 박동과 폐의 호흡이 가장 중요하다. 심장과 폐가 기능을 원활하게 해 주어야만 생존이 가능하다.

마찬가지로 의지는 심장이고 이해는 폐와 같다. 심장은 의지와 상응하고 폐는 이해와 상응한다. 의지는 이해와 더불어 마음을 다스린다. 여기에 생명의 원리가 있다.

심장 박동과 폐의 호흡이 하나가 되어 움직이듯이 의지와 이해가 결합된 정도만큼 생명이 있다. 다시 말한다면 사랑과 지혜가 결합한 만큼 생명이 존재한다.

사랑은 지혜를 떠나서는 있을 수 없고 지혜도 사랑을 떠나서는 불가능하다. 둘이 결합하므로 사랑의 기쁨과 지혜의 즐거움이 주어진다. 기쁨과 즐거움이 제거된다면 아마도 숨도 쉬지 못할 것이다.

사랑의 기쁨은 선으로 이어지고 지혜의 즐거움은 진리로 연결된다. 의지와 이해속에 있는 선과 진리가 합쳐서 생명을 이룬다. 선과 진리는 마치 심장에서 품어나오는 혈액과 같다.

또는 깊은 우물에서 솟아 나오는 생수와 같다.

영원한 삶을 위한 목적

성경에는 먼저 그의 나라와 그의 의를 구하라고 하였다. 이는 영원을 목적하며 살라는 의미이다. 세상은 영원한 나라에 들어가기 위한 수단이다. 우리가 영원한 삶을 위해 세상에 관한 관점 몇가지를 생각해 보자.

첫째, 세상은 지혜롭게 되는 길이다.

세상은 천국 삶을 위한 길이다. 세상에서 경험되는 모든 것은 진리의 길을 가르쳐 주고 진리대로 살도록 하기 위해서 이다. 삶이 고통스럽고 힘들지만 삶이야말로 지혜롭게 되는 길이다. 고로 세상에서 출발해서 천국에 이르기까지 온갖 어려움이 닥쳐 오더라도 지혜의 길을 멈추지 않아야 한다.

둘째, 자연 만물이 의미하는 바를 찾아야 한다.

하나님이 창조하신 자연을 보면서 그 안에 신성이 들어있음을 알고 분명한 의미를 얻어야 한다. 이를 두고 상응이라고 말한다. 상응은 영적 원인과 자연적 결과의 관계를 이해하는 지식이다.

이런 지식을 이해할 때 참된 영적 지혜가 생긴다. 상응은 무한한 것과 유한한 것, 영적인 것과 자연적인 것, 정신적인 것과 물질적인 것 사이의 상관 관계를 이해하는 과학적 지식이다.

다시 말해서 목적과 원인으로 말미암아 이루어지는 결과를 이해하는 것이다. 성경이 다른 책과 구별되는 이유는 상응으로 말씀하고 있기 때문이다.

"예수께서 비유가 아니면 아무 것도 말씀하지 아니하셨다(마 13:34).", "내가 땅의 일을 말하여도 너희가 믿지 아니하거든 하물며 하늘의 일을 말하면 어떻게 믿겠느냐 (요3:12)."

셋째, 세상에만 목적을 두는 자가 있다.

이들은 보이지 않는 세계에 대해서 관심이 없다. 천국이 있다고 해도 자신과는 하등 상관이 없으며 또한 있든지 없든지 크게 문제될 것도 없다고 생각한다. 자신과는 전혀 관련이 없고 해가 되지 않는다고 믿는다. 그가 관심을 갖는 것은 오직 건강, 재물, 쾌락, 취미 생활, 권력이다.

하지만 이렇게 물질적인 데 마음을 쏟다보면 내적인 면을 모두 잊어버리기 때문에 온전한 믿음을 가질 수 없다. 외적인 데 목적을 두는 자는 그나마 갖고 있는 신앙마저 소멸된다.

그가 보이지 않는 세계에 대해 관심이 없다가도 점차적으로 선행하는 자를 멸시하기 시작한다. 그가 볼 때 선행하는 자는 미친 짓을 하고 있으며 세상 살이에 전혀 도움이 되지 않는 쓸데

없는 짓거리를 하고 있다고 여기기 때문이다.

선행은 나쁜 것은 아니지만 그것에만 목적을 두는 것은 바보들이나 하는 짓이고 짧은 세상살이에 도움이 되지 않는 쓸데없는 짓이라고 여긴다.

그래서 주변의 사람이 천국에 관심을 가지면 마음이 격동하여 어떻게 하든 끌어내리는 데 열을 올린다. 이런 자는 시간이 지날수록 더욱 완악해져서 결국 미련한 영혼이 된다.

그나마 마음속에 남아 있던 선한 마음은 촛불이 꺼져 가듯이 질식된다.

내적 · 외적인 자

내적인 자와 외적인 자

인간의 행위는 외적 영역이다. 행위 안에는 수많은 생각이 존재한다. 만일 행위 속에 생각이 없다면 행위 자체는 껍데기에 불과하다. 행위라는 결과 안에 생각의 내용이 들어있다. 그러므로 생각과 행위는 내용과 형체의 관계이다.

형체는 내용을 필요로 하고 내용이 있기 때문에 형체가 있다. 둘은 함께 있을 때만 존재한다. 하지만 형체가 아무리 크고 위대하다고 해도 그 속에 내용까지 큰 것은 아니다.

오히려 형체는 보잘 것 없지만 내용이 값지고 귀할 수 있다.

나다나엘이 빌립으로부터 메시야를 소개 받았을 때 그는 이런 말을 했다.

"나사렛에서 무슨 선한 것이 나올 수가 있겠는가?(요1:46)."

이 말은 겉으로 드러난 형체가 위대해야만 내용도 값지다는 생각에서 근거한 말이다. 하지만 메시야는 말 구유에서 나셨고 아주 작은 촌 나사렛에서 자라셨으며 보기에 흠모할 만한 부분이 없었다. 하지만 그분은 하나님의 아들이시며 메시야이시다. 중요한 것은 내용이다.

인간은 어떤 재물이나 환경에 몰입해 있으면서 다른 생각에 빠질 수도 있다. 일을 하면서도 복잡한 생각을 할 수도 있다.

또 겉으로는 하나님, 천국. 영혼의 구원, 진리, 이웃에 관해서 말하지만 속으로는 이익을 계산한다. 겉과 속이 다른 상태이다.

본래 하나님은 사람을 겉과 속이 일치되도록 창조하셨다. 속에 있는 것이 그대로 행위로 이어지도록 하셨다.

하지만 인간 세상에 거짓이 들어옴으로 겉과 속이 다르게 되었다. 간악한 인간은 마귀가 광명한 천사의 모습을 가진 것처럼 가장하게 되었다. 남 앞에서는 선한 척을 하면서 속으로는 악한 생각을 한다. 악한 것을 생각하면서 선한 말을 한다.

이들의 속은 악이고 겉은 선이다. 주께서는 이를 두고 회칠한 무덤이라고 말씀하셨다. 그리고 위선하고 있는 바리새인을 호되게 책망하셨다.

이런 상태는 악이 마음을 지배한 상태이다. 악의 목적 달성을 위해 선을 수단으로 이용하는 상태이다. 이들의 선은 포장지에 불과하다. 겉만 보아서는 속이 어떤지를 구분할 수 없다.

내적인 자와 외적인 자의 특성을 보면 다음과 같다.

첫째, 외적인 자는 세상에만 마음을 둔다.

이들의 삶의 방식은 먹기를 탐하고 사치와 허영을 즐긴다.

이런 자는 끊임없이 이유를 만들어서 술을 마시고 맛있는 먹거리를 찾거나 여행을 즐긴다. 인생은 그것밖에 없다고 말하면서 그것이 인생의 행복이고 목적이라고 여긴다.

영적으로 이런 자는 가장 낮은 차원이다. 하늘과는 상관없이 세상적인 데 마음을 쏟는 저차원의 삶이다. 외모는 아름답게 꾸미지만 속은 쾌락과 저질스런 생각밖에 없다. 결국 남는 것은 악이다.

세상에 사는 이들 중에는 사후 세계와 부활을 믿지 않는 자들이 많다. 누군가 이들에게 천국에 대해서 말을 하면 앞에서는 긍정하지만 뒤에서는 비웃는다. 앞에서 인정하는 이유는 체면 때문이다. 하지만 마음속으로는 절대로 믿지 않는다. 이들의 관심은 오직 감각이고 쾌락적인 데 있다.

둘째, 내적인 데 마음을 두는 자는 선용을 사랑한다.

내적인 데 마음을 두는 자는 돈과 재물을 선용을 위한 도구로 사용한다. 자신에게 중요한 모든 것을 선용에 쏟아 붓는다.

선용을 사랑하기 때문이다. 그렇게 하므로 그는 하늘의 사람이 되어간다. 그는 선용하므로 생명을 얻고 악한 자와 구별된다. 선용이 그를 사람다운 사람이 되도록 하여서 천국으로 인도한다. 그가 음식을 먹는 이유는 탐식이어서가 아니다. 사람들과 교제하기 위함도 아니다.

음식을 섭취하는 이유는 건강한 육체를 통해서 건강한 마음이 깃들도록 하기 위함이다. 그렇게 해서 마음속에 하늘의 생명을 유지하기 위한 목적이다.

셋째, 더 내적인 자는 천국의 지혜를 얻는데 목적을 둔다.

내적인 자가 천국 지혜를 얻고자 하는 이유는 천국 삶을 위해서이다. 이들은 지혜의 근원되시는 하나님을 깊이 알고자 한다. 하늘의 지혜를 얻기 위해서 성경을 상고하고 심사숙고하고 연구하고 배워서 더 큰 지혜를 얻는 일에 노력한다.

하나님의 영은 지혜를 의미한다. 영이라는 말의 의미는 숨을 쉰다는 낱말에서 비롯되었다. 그래서 죽음을 두고 숨을 거둔다고 표현한다.

"여호와 하나님이 땅의 흙으로 사람을 지으시고 생기를 그 코에 불어넣으시니 사람이 생령이 되니라(창2:7)."

또 영과 생명을 바람에 비교하고 있다. 주께서도 거듭남을 말씀하시면서 바람이라고 표현하셨다.

인간은 코를 통해 호흡한다. 여기서 코는 지각을 의미한다. 성경에는 불로 태워 바치는 제물은 여호와께 향기로운 냄새라고 하였다(레1:17). 주께 대해서는 "우리의 콧김 곧 여호와께서 기름 부으신 자(애4:20)."라고 하였다.

주께서는 제자들에게 "숨을 내쉬면서 너희는 성령을 받으라 (

요20:22)."고 하셨다.

넷째, 내적으로 깊은 자는 주께 쓰임 받고자 한다.

우리가 진리를 알고자 하는 이유는 선하게 쓰임을 받고자 함이다. 목사나 전도사처럼 남을 가르치는 자가 되고자 함이 아니다. 세상에서 유명하든지 무명하든지 혹은 높든지 낮든지 관계없이 쓸모있는 일꾼이 되기 위함이다.

마치 높은 산에 올라가기 위해 훈련을 거듭하는 산악인처럼 진리를 배움으로 지혜를 얻어서 하늘나라 일꾼이 되고자 함이다.

진리를 제대로 알아야만 주의 나라를 위해 쓰임받는 일꾼이 되기 때문이다. 지혜로운 자에게는 먹는 것, 입는 것 등 세상 모든 일은 그것이 무엇이 되든지 간에 선용을 위한 수단이 된다. 내적인 자는 이렇게 삶을 대하는 자세가 외적인 자와는 다르다.

외적인 일에만 골몰하는 자

이들은 눈에 보이는 일에만 급급하다. 흔히 목사, 장로들 중에는 교회 짓는 일에 전념하거나 회중을 끌어 모아서 조직하는 일에만 몰두하는 자들이 있다.

이렇게 하는 것이 주의 일이라고 믿는다. 심지어 어떤 목사는 말하기를 "사람만 많이 모일 수만 있다면 이단 교리를 가져도 좋다"고 까지 말하였다.

참 한심한 발상이다. 그가 어떤 진리를 믿고 있는지에 대해서는 관심이 없다. 오히려 성경을 문자로 보면서 모두 다 알고 있는 것처럼 행세한다. 한마디로 진리의 품질이 바닥이다.

성경의 본질적 의미보다는 문자만을 가지고 자신은 모두 다 알고 있다고 말하지만 그가 아는 것은 문자일 뿐이다.

영적 진리에 대해서는 캄캄하다. 더 이상 깊은 진리를 알고자 하지도 않고 관심조차 두지 않는다. 그러다보니 자연스럽게 세상에만 관심을 쏟는다. 그리고 자신이 높아지는 데 목적을 두게 된다. 보이는 데 집중하다보니 신령한 자처럼 행세를 하고 교리와 법을 내세워서 타인을 짓밟는 일을 한다. 이것이 오늘날 종교인들의 여정이다.

이런 자는 진리를 알고자 하는 구도자가 아니다. 입으로는 정의를 부르짖지만 타인을 비판하고 자신은 적어도 그들과 다르다는 것을 증명하는 데 온통 신경을 쓴다.

이들은 종교적 자리에 앉아서 상대방을 치리하고 탄핵하고 면직 처분을 내리기를 좋아한다. 자신에게는 그것을 무마할 수 있는 능력이 있음을 자랑하면서 자기 앞에 무릎 꿇기를 기대한다. 이는 외적인 자들의 참담한 모습이다. 이들은 외적인 일에는 열심이지만 내적인 일에는 관심이 없다. 이런 자는 양심 소멸의 문제를 겪는다.

그러나 언젠가 양심이 드러나는 날이 도래한다. 그러면 자신이 무시한 양심이 자신을 정죄할 것이 뻔하다. 분명한 것은 그는 생전에 교리를 가지고 비판하는 생활에 익숙했기 때문에 사후에도 타인을 파괴하는 삶을 살고자 한다는 것이다.

저세상에 가서도 생전에 하던 버릇 그대로 재현한다. 과연 양심이 없는데 그 나라에서 선이 드러날 수 있겠는가? 모든 것이 밝혀지는 날 결국 자신의 사악한 면을 그대로 드러낼 수밖에 없다. 그 나라는 숨길 수 없이 밝히 드러나는 세계이기 때문이다.

선용의 형체와 악용의 형체

선용의 형체와 악용의 형체는 마음속에 들어 있는 형체를 말한다. 겉으로는 그 형체가 보이지 않지만 겉모습에서 선과 악의 뉘앙스가 풍긴다. 선한 마음을 가진 자는 선의 이미지가 풍겨난다. 마음속 선이 드러난 것이다.

나이 40살이 되면 그 얼굴에 책임을 지라는 말이 있다. 선하게 산 자와 악하게 산 자의 인격이 얼굴에 풍겨난다는 말이다. 아무리 외모를 아름답게 꾸미거나 화려한 옷을 입어도 숨기지 못하는 것은 마음에서 풍겨 나오는 이미지이다.

그 인격이 얼굴과 외모에서 드러난다. 선한 자는 그 아름다움이 천사같이 등장한다. 특히 그 나라는 영혼의 질에 따라 외모가 결정된다.

그나라는 형체와 영혼의 품질이 동일하다. 마음의 품질이 외적인 형체로 드러난다.

고로 지극히 아름다운 자가 있는가 하면 괴물의 형체를 갖는 자도 있을 것이다. 그것은 선용과 악용에 따라서 주어진 형체이다.

내면, 외면의 차이

내면 세계에 목적을 두는 자와 외부 세계에 목적을 두는 자는 우선 생각부터 다르다.

예컨대, 천국에서는 작은 자가 큰 자이고 겸손한 자가 높임을 받고 가난하고 궁핍한 자가 부자라는 사실을 믿는 자는 내면에 목적을 둔 자이다. 그래서 이런 자는 스스로 자신을 낮추고 겸손하게 살고자 한다.

하지만 외부에 목적을 둔 자는 이런 진리를 전혀 납득하지 못한다. 천국에서는 이런 진리가 세밀하게 적용되지만 전혀 납득이 안된다. 그는 살면서 큰 자가 높은 자이고 강한 자가 대우받고 출세한 자가 존경받고 돈 많은 자가 부자인 것을 경험해 왔다. 크고 화려한 것에만 감명을 받았다.

내적인 것과는 정반대되게 살아왔다. 내적인 것이 존재하고 있음도 모른다. 또 알려고 하지도 않는다, 배운 적도 없다.

인간은 나면서부터 부자가 되고자 하고 높아지고자 한다. 만일 처음부터 이런 욕망이 없다면 더 이상 세상에서 살고 싶어하지 않을 것이다.

하지만 스스로 작은 자로 여기고 하나님이 능력을 주셔야만 살수 있다고 믿는다면 그는 하늘나라에서 큰 자이다. 주께서 스스로 겸비한 자에게 능력을 주시기 때문이다. 그 나라에서는 겸손한 자가 높임을 받는다. 부족함을 인정할수록 주께서 높여 주신다. 천국의 귀한 것으로 채워 주신다.

이웃 사랑

 내적인 자는 이웃 사랑을 삶의 목표로 세운다. 그러나 외적인 자는 이웃보다 자기를 더 사랑한다. 이들은 언제나 대우받기를 원하고 자기가 가장 똑똑하고 잘난 것처럼 행세한다.

 절대로 자기보다 나은 사람을 본 일이 없다. 자기보다 낫다고 여기면 그를 시기하고 깔아 뭉개기 위해서 온갖 계략을 꾸민다.

 그는 높은 자리를 차지하기 위해 수단과 방법을 가리지 않는다. 그리고 일단 그 자리에 올라서면 그 자리를 놓치지 않는다.

 타인을 자기 수하에 두어서 자기가 오라 하면 오고 가라 하면 가는 식으로 부려 먹기를 좋아한다. 자기 수하에 둘 때 만족한다. 그렇지 않으면 그의 적이 된다.

 그가 아무리 이런 식으로 산다고 할지라도 진리가 변하는 것은 아니다. 죽음 이후에 그 나라에 도달했을 때 주와 이웃을 사랑하는 자가 천국의 주인이라는 사실을 알게 되면 이들은 놀라고 말 것이다.

 주와 이웃을 사랑하지 않는 자는 그 나라에 발도 들여 놓을 수 없다는 사실을 알게 된다면 그의 심정은 곤두박질치고 말 것이다. 그는 결국 천국 혐오증으로 지옥에 떨어지고 만다.

원인의 원리

원인과 결과

원인의 정의에 대해서 국어사전에는 "어떤 일의 근본"이라고 하였다. 결과는 근본되는 원인에서 시작되었음을 의미한다. 원인없는 결과는 없다.

예컨대, 감기가 들었을 때 춥고 떨리고 오한이 드는 것은 결과이고 그 원인은 감기 바이러스 때문이다. 원인은 바이러스이고 결과는 증상이다.

또 배가 아픈 것은 결과이지만 원인은 소화 불량이나 장에 탈이 났기 때문이다. 이처럼 결과에는 반드시 원인이 존재한다.

존 뉴톤의 만유인력 법칙에서는 원인과 결과를 설명한다. 그는 사과 열매가 나무에서 떨어지는 원인에 대해 연구하기 시작했다. 그는 모든 사물에는 원인과 결과가 있음을 발견하였다. 중력과 결과에는 원리가 존재하고 있음을 설명한다.

예컨대, 어떤 사물에 힘을 가하면 그 힘에 의해 사물이 밀려난다. 이때 힘은 원인이고 밀려나는 것은 결과이다.

사람들은 문제에는 항상 원인이 있다고 생각한다. 그래서 원인을 찾아서 해결하고자 한다. 결과는 결과 자체에서 일어난 것이 아니라 반드시 원인이 있음을 믿기 때문이다.

또 인간이 인생 살아가는데 왜 이런 고통이 오는가에 대해 의문을 갖는다. 섭리적 관점에서 고통의 목적은 인간을 선하게 하기 위함이라고 말한다. 만약 인간이 환란과 고통으로 선하게 되었다면 환란과 고통은 원인이 되고 선하게 됨은 결과이다. 또 선해짐으로 하늘나라에서 행복을 누리게 되었다면 선은 원인이고 행복은 그 결과이다. 이렇게 만사에는 목적을 위해서 원인이 존재하고 결과가 나타난다.

자연의 동물과 식물은 어떻게 살아 가는가? 그 원인이 무엇인가? 그것은 생명이 공급되기 때문이다. 스스로 존재하는 것이 아니고 생명이 있음으로 존재한다. 생명은 원인이고 동식물이 생존하는 것은 결과이다.

또한 인간의 신체가 활동하는 것은 정신이 있기 때문이다.

정신이 원인이 되어 신체적 활동이 주어진다. 얼굴 표정이 좋은 것은 마음에 기쁨이 있기 때문이다. 기쁨이 원인이고 얼굴 표정은 결과이다. 어린아이들이 귀엽게 말을 하고 예쁜 외모를 가진 것은 순진무구함이 있기 때문이다. 원인은 순진무구이고 결과는 귀여운 행동이다. 선용의 원인에 대해 알아 보자.

합리성이 원인이다

합리성은 이성적인 것을 말한다. 지식의 양이 많은 것을 말하는 것이 아니다. 합리성은 지식 자체가 아니고 진리로 나아가는 지식이다. 마음 속에 세워진 아름다운 건축물과 같다.

합리적 사고를 갖기 위해서는 부모, 스승, 서적, 인간 관계를 통해서 배워서 터득해야 한다. 짐승과 달리 인간에게는 배움의 능력이 탁월하다. 인간은 태어나면서 죽을 때까지 배우면서 살아간다. 세상에 있는 정치, 경제, 법, 윤리 도덕에 이르는 지식뿐 아니라 사후 삶에 이르는 영적 지식에 이르기까지 삶에 필요한 모든 지식을 섭렵한다.

지식에는 높은 차원의 지식이 있는가 하면 낮은 차원의 지식이 있다. 높은 차원의 지식은 하늘의 지식이고 낮은 차원의 지식은 땅의 지식이다.

첫째, 합리성이 있는 만큼 선용을 한다.

합리적 지식을 삶에 적용하는 것이 선용이다. 진리 애착의 품질과 정도에 따라 합리성이 주어진다. 진리에 대한 애착이 없으면 합리성을 가질 수 없다. 죽은 지식으로는 합리성을 생산하지 못한다. 진리에 대해 애착을 갖지 못한 자는 거듭나지 못했으므로 합리성이 없다.

둘째, 속사람과 겉사람을 연결하는 것은 합리성이다.

속사람은 합리성을 통해서 겉사람과 교류한다. 속사람 안에는 선과 진리, 양심이 있으며 겉사람 안에는 기억과 감각이 있다.

그리고 속사람과 겉사람 사이를 연결하는 매체는 합리성이다. 합리성은 속사람의 선, 진리, 양심을 겉사람에게 전달한다.

이때 속사람은 목적이고 합리성은 원인이고 겉사람은 결과이다. 다시 말해서 인간이 생활속에서 양심을 실천했다면 합리적 사고를 통해서 한 것이다.

합리성은 주로 겉사람이 시험, 불행, 아픔과 같은 혹독한 경험을 하면 더욱 뚜렷하게 드러난다. 그때 합리성은 겉사람으로 하여금 감각과 기억으로 사는 것이 아니라 바른 판단을 가지고 살아가도록 이끈다. 그리고 속사람의 양심과 진리, 선을 겉사람에게 공급한다. 그래서 환란을 통해서 사람이 바른 삶으로 돌이키게 되는 것이다. 고로 선용에는 합리성이 큰 역할을 한다.

섭리가 원인이다.

섭리는 주의 계획하심을 말한다. 주의 섭리하심이 선용의 원인이다.

주께서 예레미야에게 토기장이의 집으로 데리고 가셨다. 토기장이가 진흙으로 그릇을 만들다가 잘 안되면 다른 그릇을 빚는 모습을 보여 주셨다.

그때 주께서는 예레미야에게 "이스라엘 백성아 진흙이 토기장이의 손 안에 있듯이 너희도 내 손 안에 있다"고 말씀하셨다. 이 장면은 주의 섭리를 보여주신 것이다.

흙의 결점이 토기장이로 하여금 다른 그릇으로 만들도록 한 것처럼 인간이 하나님의 계획을 훼손하면 다른 그릇으로 빚을 수밖에 없다는 뜻이다. 그릇의 실패 때문에 다른 형태를 만들지만 결국에는 하나님은 인간과 더불어 선한 결과를 창출하신다. 주께서 인간을 버리시지 않고 새로운 그릇으로 만드는 작업이야말로 인간 편에서는 매우 기쁘고 감사한 일이다.

만일 인간이 죄로 인해 그릇 자체를 버렸더라도 할 말은 없다. 그렇다면 어째서 주의 섭리하심이 선용의 원인이 되는가?

첫째, 주께서는 세상을 다스리신다.

지극히 작은 일도 지휘하신다. 그분은 세상의 왕이실 뿐 아니라 천국과 우주의 하나님이시다. 그분은 영원부터 영원까지 모든 것을 아시고 인도하신다.

전체를 개별적으로 세밀하게 보살피시고 인도하신다. 고로 지극히 작은 것도 그분 아니고서는 존재할 수가 없다.

혹 어떤 이는 돈, 명예, 건강만을 축복이라고 여긴다. 신앙인이 죽을 병에 고생하는 것을 보거나 돈에 쪼들려서 살아가는 모습을 보면서 "하나님이 살아계신다면 왜 저대로 놔두시는가?" 하고 의심을 한다. 그들은 현재 나타난 현상을 보면서 편협한 지식으로 판단하고 하나님의 섭리를 부정한다.

둘째, 주께서는 사는 날 동안 자비를 베푸신다.

자비를 통해서 영원한 삶을 바라보도록 하신다. 그래서 영원한 것을 사모하므로 선용하게끔 하신다. 또 주께서는 명예와 재물 차원이 아니라 그 이상의 행복을 누리는 복을 주신다.

진정한 행복은 영원한 삶에 있다. 세상의 삶은 영원한 삶의 원인이 된다.

영적인 것이 원인이다

보이는 세계는 보이지 않는 데서 시작된다.

유물론자들은 눈에 보이는 것만을 인정하고 보이지 않는 것은 부정한다. 그들은 자기들의 주장이 매우 과학적이라고 자랑한다. 그래서 그들은 눈에 보이는 것만을 원인이라고 여긴다.

한마디로 신성을 인정하지 않는다. 그러나 자연이 존재하는 근원지는 보이지 않는 신성이다.

영적인 것이 원인이 되어 자연 만물이 존재하고 생성된다.

고로 보이지 않는 영적 세계를 표현하지 않는 자연 만물은 없다. 보이지 않는 것으로 자연이 보존되고 또 소성함을 얻는다.

고로 자연의 웅대함도 실상 그것이 보이지 않는 세계에서 비롯되었기 때문에 인간들이 그것을 보고 감동을 얻게 된다.

이처럼 영적 세계는 자연적 상태에서 종결된다.

영계는 원인이고 자연 만물은 결과이다. 이는 샘의 근원지에서 물이 흘러 강물이 되고 바다를 이루는 것과 같다. 고로 우주 만물은 그 나라를 표현하는 극장 무대이다.

영혼이 원인이다.

인간에게는 영혼과 육체가 있다. 영혼이 있으므로 육체가 살아 움직인다. 영혼이 떠나 가는 것을 죽음이라고 말하고 죽으면 더 이상 육체가 움직이지 않는다. 영혼이 원인이고 육체는 결과이다. 영혼이 원인이 되어 육체의 행위를 한 것이 선용이다. 결과는 원인이 작용한 것을 말한다.

천사가 원인이다.

천사는 주께로부터 보냄 받은 영이다.

그들은 인간을 돕기위해 인간의 내적 상태를 세밀하게 파악한다. 인간으로 하여금 선과 진리를 선택하면서 살아가도록 양심의 문을 두드린다. 인간은 천사가 들려주는 양심의 소리를 듣고서 돌이키게 된다. 양심은 천사의 방문 처소이다.

이런 관점에서 보면 천사가 원인에 해당된다. 결과는 원인을 품고 있다. 인간은 자신이 어떻게 해서 변화를 받았는지 모른다. 마치 농부가 씨를 뿌려서 흙을 갈아엎고 비료를 주고 물을 준 것밖에 없다.

어느 날 보니 주렁주렁 열매가 가지에 매달려 있다(막4:26).

씨가 성장한 것은 생명의 원인으로 인한 결과이다. 원인없는 결과는 없다. 원인은 결과를 내다볼 수 있지만 결과는 단지 결과만 보일 뿐이다. 인간은 주께서 보내주신 천사를 통해 선용을 하고 진리의 길을 걷는다.

목적과 원인

목적에는 원인이 있다

결과를 이루려면 원인을 해결해야 한다. 질병 낫기를 위해 기도하거나 귀신을 좇아내는 것은 모든 원인이 영계에 있는 것을 믿기 때문이다. 모든 근원은 영계에 있고 영계로부터 자연계로 이어지기 때문이다. 근원에서 결과가 나온다.

이는 현대 외과 의사들처럼 환자의 신체에 대고 수술하는 것이 아니다. 의사들은 결과를 변형시키는 것이지만 기도하는 것은 근원지를 해결하고자 하는 것이다.

영혼이 생각하고 뜻하고 사랑하는 자유가 있는 것은 근원지가 영계에 있기 때문이다. 그러므로 영계와 자연계에 일치하지 않으면 안된다.

주께서도 영계의 주인되시는 분이시지만 원리를 가지고 치유하신다. (원리를 알고자 하면 김홍찬 저. 김군의 마음 질평편을 참고하기를 바란다) 질병은 결과이고 원인은 영계에서 비롯되었다.

목적은 과정을 이끈다

의지, 이해, 행동은 목적, 원인, 결과이다. 의지가 목적을 갖고 이해가 전략을 짜고 행동에 옮긴다.

이때 가장 중요한 것은 목적이다. 고로 어떤 목적을 가졌는지 살펴 보아야 한다. 목적이 선한지 악한지를 먼저 점검해야 한다. 목적이 선하면 그 목적을 뒷받침하는 과정도 선하지만 목적이 악하면 과정 역시 악할 수 밖에 없다.

목적이 과정을 이끌기 때문이다.

예컨대, 어떤 자가 원수를 갚기 위한 목적을 가지고 있다면 그는 과정에서 잠시동안 아무렇지 않은 듯이 보일 수는 있지만 기회가 주어지면 분노를 표출할 것이다.

목적이 있기 때문이다. 이는 마치 굶주린 개가 지하실에서 뛰쳐나올 기회를 엿보는 것과 같다.

예컨대, 표범과 토끼가 달려간다. 뜀박질하며 달려가는 과정 자체는 선악을 구별할 수 없다. 그러나 표범은 다른 짐승을 사냥하고자 달려간다. 표범의 목적은 사냥감이다.

그러나 토끼는 다른 짐승을 공격하기 위함이 아니다. 두 짐승은 달려가는 과정은 같지만 목적은 다르다.

달리는 과정 자체가 아무리 좋아 보여도 과정은 목적의 하수인에 불과하다. 목적이 생각과 행동을 이끈다.

생명의 원인

자연 만물이 어떻게 생기게 되었는지 그 누가 알 수 있겠는가? 그 존재 비밀을 인간의 한계로는 밝혀낼 수 없다. DNA를 찾았다고 해서 그 비밀을 풀 수는 없다. DNA는 그 비밀의 수백만 분의 하나일 뿐이다. 자연계 안에는 인간이 알 수 없는 비밀이 너무 많아서 그저 한마디로 불가능이라는 단어 밖에는 표현할 길 밖이 없다. 자연계가 이렇다면 그 너머에 있는 영계는 더 하다.

인간의 지식은 생명의 신비에 대해서 한계가 있다. 인간은 생명을 가지고 살고는 있지만 생명이 어떻게 해서 자신에게 도달했는지 알 수는 없다. 중요한 사실은 인간은 생명을 받아야만 존재가 가능하다는 사실이다.

선한 자는 천국으로부터 주어지는 생명으로 살고 악한 자는 지옥으로부터 흘러드는 것으로 산다. 영계의 유입 없이 인간은 한순간도 존재가 불가능하다.

인간은 단지 생명을 받는 그릇에 불과하다. 생명이 인간이라는 그릇에 흘러 들어오므로 죽은 것이 살게 된다. 이처럼 인간 안에 있는 보이지 않는 것은 영계와 관련이 있다.

결국 인간 스스로는 살 수 없다. 인간이 영원히 사는 원인은 주로부터 생명이 주어지기 때문이다.

결과는 원인의 작용이다

결과에는 반드시 원인이 있다.

자연 만물이 보존되는 것은 원인이 지속적으로 작용하기 때문이다. 그렇지 않으면 자연은 즉각적으로 소멸되고 만다.

혹 어떤 이는 자연은 자연 그대로 지속되는 줄 안다. 때가 되면 열매가 맺어지고 씨는 땅에 심으면 자라게 된다고 믿는다.

그러나 생명이 지속적으로 오지 않으면 자연은 존재가 불가능하다. 원인이 주어져야 자연 만물이 생성된다.

그 원인이 중지되면 사멸되고 만다. 다시 말해서 신성과 자연이 연결되지 않으면 자연은 사멸되고 만다.

자연은 영계로부터 신성이 와야만 생존한다. 이런 사실을 굳이 부인하는 자들은 신성을 인정하기 싫기 때문이다. 자연은 자연스럽게 스스로 존재한다고 믿고 싶을 뿐이다.

하지만 원인이 있어야 결과가 있다. 생명의 유입없이 가만 내버려 둔다고 사는 것은 아니다. 여전히 자연 만물에는 재창조가 진행 중이다.

변화의 과정

인간은 오감을 가지고 외부 환경과 접촉한다. 이런 육체도 변화의 과정이 있다. 세월이 흐름에 따라 청년기, 장년기, 노년기에 이르기까지 변화를 거친다.

나무의 성장에도 변화 과정이 있다. 작은 씨로부터 시작하여 뿌리로부터 꽃과 열매의 변화가 있다. 열매도 초기에는 그 맛이 시큼하고 떫지만 시간이 지날수록 달고 맛있는 과일로 변한다. 이런 변화의 과정을 거친다.

인간의 정신 세계도 변화의 과정을 거친다. 초기에는 단지 미미한 지식 차원에만 머물렀지만 시간이 지나면서 지혜와 총명이 생겨나기 시작한다. 이는 지식이 진리로 접근하기 때문이다.

상태 변화에는 반드시 원인이 존재한다. 그 원인은 보이지 않는 생명력이다. 생명은 제일되는 원인이다.

거듭남

인간은 부모로 성향을 이어 받는다. 이를 유전이라고 한다. 인간은 유전 외에는 아무 것도 가지고 온 것이 없다. 유전적 성향은 세상사는 동안에 이기심과 함께 자신만을 애착하는 성품으로 자란다. 만일 이렇게 살다가 저세상에 가면 그의 성품은 그대로 남아서 지옥 사회에 머물게 된다.

고로 이런 성품을 세상에서 뿌리 뽑아야 하는데 이는 거듭남을 통해서만 가능하다. 거듭남은 새 의지와 새 이해를 갖는 것을 말한다. 새 의지와 새 이해를 위해서는 선과 진리, 악과 거짓이 무엇인지 먼저 배워야만 한다. 이런 지식을 통해서 자신의 상태를 성찰할 수 있기 때문이다.

첫째, 자아가 새로워지는 것이다.

"새 영을 너희 속에 두고 새 마음을 너희에게 주되 너희 육신에서 굳은 마음을 제거하고 부드러운 마음을 줄 것이며 또 내 영을 너희 속에 두어 너희로 내 율례를 행하게 하리니 너희가 내 규례를 지켜 행할지라(겔36:27)."

새 영은 새로운 이해, 새 마음은 새로운 의지를 의미한다. 새로운 이해와 새로운 의지의 사람이 됨은 새 사람으로 변화하는 것을 말한다. 굳은 마음이 부드러운 마음이 되는 것은 길가와 같이 단단한 마음이 옥토가 된다는 의미이다.

둘째, 인간의 이해력은 하늘 끝까지 올라갈 수 있다.

인간이 하늘의 비밀을 안다는 것은 이해가 하늘 끝까지 올라가는 것이다. 다만 지식 차원으로 보면 하늘의 비밀을 알 정도로 많은 것을 꿰뚫고 있다. 하지만 그것을 실천하고자 하는 의지는 약하다. 이해는 하늘 차원이지만 의지는 땅에 머물러 있다. 이는 거듭나지 못한 자와 같다.

셋째, 마음에는 높고 낮은 영역이 존재한다.

마음의 높은 영역은 천국이며 낮은 영역은 세상이다. 새 이해와 새 의지는 마음의 높은 영역이다. 마음속 선과 진리는 높은 영역이다. 자아 성찰은 마음의 높은 눈으로 낮은 영역을 굽어보는 것을 말한다. 이는 악과 거짓을 제거하기 위함이다.

하지만 거듭나지 못한 자는 등은 있으나 기름이 없는 어리석은 처녀들이다. 또한 에덴에 있으면서 선악의 지식의 나무 열매를 먹고 좇겨난 자와 같다.

결론적으로 거듭나지 못한 자는 악마의 자식이며 거듭난 자는 천국의 아들이다(마13:38).

거듭남의 과정은 다음 몇 가지 생각의 변화를 통해 이뤄진다.

첫째, 세상이 전부가 아니라는 생각이다

현재 발을 딛고 사는 이 세상이 삶의 전부가 아니라는 인식이다. 이는 마치 애벌레가 나비가 되듯이 이 세상이 전부가 아니라 또 다른 세상이 준비되어 있으며 자신은 그곳을 향해 진행

중이라는 생각이다. 그래야만 세상에 안주하지 않는다. 세상은 영원한 나라에 가기 위한 준비 과정이다.

둘째, 세상의 삶은 천국을 향한 길목이라고 여긴다.

세상에서 어떻게 사느냐에 따라 저 세상에서 살게 될 삶의 상태가 결정된다. 세상에서 삶은 천국에 합당한 인격을 준비하는 과정이다. 고로 인생을 잘못 살면 저세상의 삶에 지장이 따른다.

셋째, 저 세상은 거짓과 포장이 허용되지 않는 나라이다.

세상은 돈과 권력에 의해서 환경이 주어진다. 하지만 저 세상은 외부 환경에 의해 결정짓는 나라가 아니라 마음의 상태에 따라 결정되는 나라이다. 세상에서는 마음이 육체 안에 숨겨져 있지만 육체가 제거되면 마음이 그 형체를 드러내는 때가 반드시 도래한다.

넷째, 심판이 반드시 존재한다.

심판은 마음 상태가 있는 그대로 적나라하게 드러나는 것을 말한다. 벌거벗은 모습이 하나도 숨길 수 없이 그대로 드러나는 것이다. 성경에는 선악 간에 행한 대로 심판받는다고 하였다.

세상에서 선용의 삶을 살았다면 그로 인해 선한 상태가 드러나고 악용했다면 악한 상태가 드러난다. 이로 인해 천국과 지옥이 나뉜다.

고로 이 세상과 천국의 연결 고리가 선용이고 이 세상과 지옥의 연결 고리는 악용이다. 이처럼 인간은 거듭남의 변화 과정을 거친다. 간혹 믿기만 하면 구원이 이루어진다고 믿는 자들이 있다. 이들은 주께서 진리의 변화 과정으로 인도하고 계심을 깨닫지 못하는 자들이다. 믿음은 한 순간으로 결정되는 것이 아니라 진행 과정이기 때문이다.

하지만 그런 식으로 믿으면 탐욕과 걱정이 마음을 사로잡아 버린다. 그래서 불안이 엄습한다. 이렇게 되면 자유, 기쁨, 생명을 잃어버리기 때문이다.

주의 인도를 받는 자는 선과 진리가 그 마음에 차지하게 되면서 변화되어 가는 자신을 느낀다. 선용하는 존재로 살아가는 즐거움을 얻는다. 고로 우리의 믿음은 이렇다.

"주께서 천국과 세상을 통치하시며 주 외에는 그 누구도 스스로는 살지 못하며 생명은 주로부터 흘러들어오며 악은 지옥으로부터 흘러든다."

이런 신앙을 가지고 있으면 악이 접근할 수 없다. 악이 지옥에서 오는 것임을 알기 때문이다. 이런 상태에 있으면 평화를 선물 받는다. 주를 의지하기 때문이다.

인간은 생명의 그릇이다. 주께서 내면에 생명을 주신다. 내면이 진리와 선으로 온전해진 상태는 교회라고 말한다.

교회는 이웃에게 선행할 때 존재한다. 선행하지 않으면 소멸되고 만다. 유대 교회를 보라. 겉으로 드러난 결과는 내면이 있기 때문이다. 외적 상태는 내적 교회의 형체이다.

감각과 기억이 원인이다

인간은 오감을 통해 들어온 정보를 기억에 저장한다. 기억은 지식의 창고이다. 생각, 의도, 소원, 언어, 행위, 사건, 환경을 기억에 저장한다. 시각, 청각, 촉각, 미각, 후각은 사물에 대한 정보를 수집하는 레이더 장치와 같다.

수집한 정보를 기억에 채우고 그 기초 위에서 생각하고 말한다. 이는 곧 인간이 원하면 진리를 깨달을 수 있는 능력이다. 이 능력은 인간에게 주어진 능력이다. 이런 면이 동물과 차이가 나는 부분이다. 동물은 단지 본능에 의해 맞대응할 뿐이다.

그럼에도 불구하고 이 능력을 남용해서 자신을 동물보다 열등하게 만들고 있다.

인간의 개념은 기억에 저장된 지식을 기반으로 형성된다. 기억에는 두 종류가 있다.

첫째, 외적 기억이다.

이는 삶에 필요한 메모리이다. 외적 기억에는 자동차 운전 기술이나 집짓는 기술, 컴퓨터 기능, 전화번호, 이름 등 일상에서 필요한 사소한 것을 저장한다. 그리고 필요할 때마다 끄집어 내어 사용한다.

둘째, 내적 기억이다.

의도, 말, 행동은 판단력과 함께 저장된다. 가난한 자에게 기부를 했다면 행위 자체는 외적 기억에 저장되지만 의도, 가치관은 행위와 함께 내적 기억에 저장된다.

 고로 내적 기억에 저장된 것은 언젠가 그의 삶이 펼쳐질 때 드러난다. 그것이 행위록이다. 고로 행위록은 의도와 행위의 결과이다. 우리가 기억에 의해서 말과 행동을 한다면 외적 기억 수준이지만 합리적 판단을 가지고 말과 행위를 한다면 내적 기억에 의한 것이다.

 그러므로 모든 말과 행위는 의도와 함께 저장됨을 알아야 한다.

 또한 기억에 있는 지식을 이성과 양심 없이 그대로 표출한다면 무미건조한 지식에 불과하다. 그 지식은 깨달음이 없는 지식이다. 깨달음이 없으면 어두운 동굴에 갇혀 살고 있는 박쥐나 올빼미와 같은 상태이다. 그만큼 어둡다는 말이다. 그것은 이성, 양심을 잃어버린 상태이다.

 오늘날은 감각 산업이 발달하였다. 영화, 스포츠, 스마트 폰, 술, 도박 등이 문화의 저변을 이루고 있다. 이는 감각 세계로 달려가는 현대 문명이다. 과거로부터 현재까지 인류 문명은 감각을 확장시키는 방향으로 흘러간다. 인류는 이런 문화에 젖어서 살고 있다. 감각만을 추구하다 보니 쾌락에 빠지고 윤리 도덕은 무너진다. 인간이 감각과 기억으로만 살면 관능적인 존재가 되고 만다. 감각으로는 높은 가치를 알 수 없다. 이성과 양심없이 감각과 기억만을 가지고 진리를 규명하게 되면 교회는 타락의 길로 접어들게 된다. 이는 교회 몰락의 원인이다.

오감

오감은 외부 세계를 인식하는 기능을 한다.

시각은 풍경과 그림, 형태, 외모를 봄으로서 이해한다. 전화로 상대방을 설득하기는 힘들어도 직접 눈으로 보면서 대화하면 의외로 쉽게 상대방을 설득할 수 있다.

청각은 소리나 음악을 들음으로 기억한다. 귀로 듣는 것은 그만큼 말의 영향력이 크다는 것을 의미한다.

후각은 냄새를 맡는 기관이다. 향기는 기분을 좋게 만든다. 악취가 나면 기분이 나쁘고 피하게 된다.

미각은 섭취함으로 에너지와 힘을 고취시킨다. 입 맛을 잃어버린 사람을 보면 활기가 없고 무기력한 상태에 머문다. 미각은 인간으로 하여금 분발하도록 에너지를 공급하게끔 한다.

이처럼 오감은 외부 정보를 받아들인다. 눈에 보이지 않은 작은 곤충도 감각 기관과 운동 기관을 가지고 있다. 곤충도 감각을 느끼고 움직이는 기능을 갖고 있다.

인간 태아의 감각 기관은 모두 폐쇄되어 있다. 산모의 몸에 있는 동안에는 감각적 느낌을 가질 수 없다. 그러나 출생하는 순간 폐가 열리게 되는데 이때부터 태아는 느낄 수 있고 동작할 수 있다.

인간이 삶을 살아간다는 것은 감각의 경험을 의미한다. 감각은 마음의 가장 바깥쪽에 해당된다. 하지만 점점 내면으로 들어가면서 이성, 양심, 지각이 있다. 감각은 마음을 섬기기 위해서 존재한다. 감각은 이성을 위해 선용하는 기관이다.

시각

시각은 눈을 통해 봄으로 기능한다. 눈은 카메라의 렌즈처럼 빛에 의해서 외부 물체를 반영한다. 시각은 빛이 없으면 기능을 하지 못한다. 어두운 곳에서는 아무 것도 볼 수가 없다.

시각은 빛 안에서 기능을 한다. 빛이 밝을수록 더 세밀하게 본다.

동물의 세계를 보면 밝은 빛 안에서 살아가는 짐승이 있는가 하면 어두운 동굴에서 살아가는 짐승도 있다. 시각의 차이에 따라서 살아가는 방식이 다르다. 본다는 말은 인식을 의미한다. 영어로 'I don't see'는 보이지 않는 것을 말하는 것이 아니고 모르겠다는 말이다.

우리 말에 맛 본다, 만져 본다. 살펴 본다. 예배 본다. 일 본다는 말에서 본다는 말은 이해의 경험을 표현한 말이다.

우리는 산, 나무, 구름, 바다를 보면서 이해를 한다. 이는 눈이 사물을 보는 것이 아니라 이해력이 보는 것이다. 이해력이 정교하고 예민 할수록 그만큼 풍부하게 볼 수 있다.

청각

청각은 귀를 통해 언어를 이해하는 기능이다. 사실 말을 듣지만 그것을 분별하는 기능은 마음이다. 귀는 언어를 듣고 마음은 그 내용을 알아차린다.

자녀가 아버지의 말씀을 듣는다는 것은 듣는 것 이상의 의미를 지니고 있다. 아버지의 교훈에 순종한다는 뜻이다.

"네가 나의 명령에 주의하였더라면 네 평강이 강과 같았겠고 네 공의가 바다 물결 같았을 것이며(사48:18)."는 말씀은 주의 계명을 순종하면 마음에 평강과 공의가 있게 된다는 의미이다.

성경에 귀머거리를 두고 진리를 지각하지 못하는 상태를 의미한다. 주께서 귀머거리를 고치신 것은 불순종을 순종하도록 하신 것이다. 바울은 믿음은 들음에서 생긴다고 증언했다.

촉각

촉각은 터치하여 느끼는 기능이다. 몸은 촉각에 의해 반응한다. 촉각은 사람으로 하여금 반응하도록 돕는 역할을 한다.

아이는 안아주고 만져주는 누군가를 필요로 한다. 엄마는 갓 태어난 아이를 따뜻한 물에 씻기고 온몸을 어루만져 준다.

아이는 온몸으로 엄마의 손 끝에서 오는 기운을 느끼면서 마음에 안정감과 힘을 얻는다. 아이의 촉각은 엄마의 손길과 가슴에 포근하게 안기는 촉감으로 사랑을 느낀다.

마음의 건강

육체의 건강을 위해서는 영양분이 있는 음식물을 골고루 섭취해야 하는 것처럼 마음에도 양식이 필요하다. 아이들은 마음의 양식을 위해서 끊임없이 질문을 한다. 아이들에게는 자신의 궁금증을 해소시켜줄 지식이 필요하기 때문이다.

음식물은 입에 넣어서 이로 갈아서 침으로 축이고 혀로 맛을 보면서 목구멍으로 밀어 넣는다. 그리고 음식물은 위와 장으로 보내져서 피가 되고 살이 된다. 그리고 각 조직으로 퍼진다. 마음의 양식도 이와 같은 과정을 거치게 된다. 귀로 들은 교훈은 마음에 받아 들여져서 사상이 된다.

또 젖먹이들은 이유식이나 젖과 같은 연한 음식물을 씹지 않고 삼킨다. 아이들이 성장하면서 이로 씹어서 음식을 먹는다.

마찬가지로 어렸을 때는 부모로부터 의심없이 지식을 받아들인다. 어른이 되면서 음식물의 맛을 보고 씹듯이 외부 정보를 검토하지 않고는 수용하지 않는다.

성경에 '배고프다'는 영적 의미는 선이 부족한 상태를 인식하고 선을 얻고자 노력하는 상태를 의미한다. 선의 목적을 향해 노력하면 복이 있다.

"의에 주리고 목마른 자는 복이 있나니 그들이 배부를 것임이요(마5:6)."

의지가 원인이다

의지는 자동차의 시동을 거는 것과 같다. 의지를 통해 동기 유

137

발이 되어 행동에 이르기 때문이다. 의지에 따라서 천국에 이르기도 하고 지옥에 가기도 한다. 고로 생명은 의지에 의존하고 있다. 생명의 제일 원리는 의지와 이해이다.

선에 대한 의지가 있으면 선행하고 악에 대한 의지를 가지면 악행한다. 의지가 원인이다.

그러나 의지가 깨달음없이 존재하면 마치 뇌사 상태처럼 아무 의식 없이 심장이 뛰는 것과 같다. 의지 자체로는 아무 기능을 하지 못한다. 지식없는 의지는 의미없는 행동에 지나지 않는다.

이는 마치 태아가 감각 기관이 없지만 심장에 의해서 살아 있는 것과 같은 이치이다.

심장은 의지와 상응하고 폐는 이해와 상응한다.

태아가 출생하게 되면서 허파가 열리는 순간 태아는 숨을 쉬게 되어 느끼고 동작을 시작한다. 이 말은 의지는 이해와의 결합 없이는 아무 것도 이룰 수 없다는 의미이다. 폐는 이해를 의미하기 때문이다.

하지만 인간의 육체가 숨을 거두게 되면 의지가 남는다. 그리고 의지가 연결되는 곳으로 간다. 악의 의지는 지옥과 연결되고 선의 의지는 천국과 연결된다.

결과의 원리

결과는 원인으로 인한 결말의 상태이다. 우리는 문제가 발생했을 때 원인을 찾아서 해결하고자 한다. 결과는 원인에 의해 빚어지기 때문이다.

예를 들어 "당신 얼굴이 기분이 좋아 보이는데, 뭐 좋은 일이 있어?" 혹은 "당신 얼굴을 보니 매우 슬퍼 보이는데 무슨 안 좋은 일이라도 있어?" 하고 그 원인을 캐묻는다.

원인이 얼굴 표정을 가져왔다고 믿기 때문이다.

어떤 이가 환란과 고통 중에서 기뻐하고 즐거워하고 있는 모습을 보인다면 사람들은 그를 보면서 의아해 한다. "저 사람이 저런 환경에서 기뻐하는데 혹시 실성한 것이 아닌가?" 저 환경에서는 고통스러워하고 힘들어야 하는데 왜 기뻐할까? 하면서 그 이유를 정신 나간 상태라고 여긴다. 정신 나간 것을 원인으로 본다.

왜냐하면 자신이 알기에는 환란의 결과는 당연히 슬퍼해야 하는데 오히려 기뻐하기 때문이다. 그러면 그가 왜 기뻐하는가? 그 원인은 무엇인가? 그런데 그가 그리스도를 위한 고난에 동참하는 것으로 여겨 큰 영광으로 여긴다면 원인은 그리스도의 고난에 동참하는 마음에 있는 것이다.

원인은 타인이 보기에 잘못 이해할 수 있다. 그러나 원인이 있기 때문에 결과가 온 것은 사실이다.

애착과 결과

애착에 따라 결과가 달라진다. 애착의 수준에 따라 그 결과가 다르게 나타난다. 선한 마음의 애착과 악한 마음의 애착을 비교하면 정반대의 결과가 주어진다. 애착은 같지만 무엇에 대한 애착이냐에 따라 그 결과는 다르게 나타난다.

또한 애착의 정도에 따라 그 결과도 달라진다. 큰 애착을 가지고 있는 상태와 애착이 적은 상태는 비교할 수도 없을 정도이다.

예컨대, 어느 모임에서 회장되는 일에 애착을 가진 자가 있다. 그는 회장이 되기 위해 수단과 방법을 가리지 않고 회장이 되었다. 그는 그 애착을 버리지 않고 임기가 만료되었음에도 끝까지 그 자리를 지키려고 하다가 결국 쫓겨나고 말았다.

그는 자신이 스스로 높아지는 일에 더 큰 애착을 가졌던 것이다. 이런 애착은 자기 사랑이다.

목적과 애착

목적과 애착의 결합은 큰 활력을 가져온다.

선한 목적과 애착이 함께 있으면 생명의 활기를 띤다. 그리고 그 활기는 몸에 활력을 준다.

반대로 악한 목적과 애착이 함께 있으면 그 결과는 탐욕과 망상이 나타난다.

이처럼 활기와 탐욕의 결과는 목적과 애착 때문이다. 고로 지혜로운 자는 단지 결과만 보고 판단하기 보다는 목적과 애착을 궁구해야 한다. 이는 자녀 교육을 하거나 정신 세계를 연구하는 일을 하는 이들에게 필요한 지식이다.

특별히 부부 관계 사이에도 서로에 대한 목적과 애착이 둘의 관계를 결정짓는다. 현재는 목적과 애착의 결과이다.

불신앙의 이유

왜 인간들이 불신앙을 갖는가? 태양은 자연 만물에 빛과 열기를 공평하게 비추고 있지만 그 결과는 개별적으로 다르게 나타난다. 살아있는 짐승은 더욱 활발하게 움직이지만 부패한 음식물은 썩어 냄새가 난다.

하나님은 선한 자 혹은 악한 자, 의로운 자나 불의한 자에게 동일하게 선과 진리를 주신다. 그 결과는 사람마다 다르게 나타난다. 이는 받아들이는 자의 마음 상태가 다르기 때문이다.

우선 양심이 없는 자들은 선과 진리를 공급해 주어도 그것을 소멸시켜 버리고 만다. 마음속에 들어오는 선과 진리를 짓밟아 버린다. 이는 마치 비가 내리지만 그릇을 엎어놓은 것과 같다. 그가 이렇게 되는 이유는 단지 믿음이 없어서가 아니라 양심이 없어서이다.

양심이 없다고 하는 이유는 양심이 거짓과 악과 다투기 때문이다. 생명을 주더라도 담을 그릇이 없다면 생성되는 것은 불가능하다.

생각의 결과

내면의 갈등으로 힘들어 하는 자가 있다. 갈등은 마음속에서 일어난 내적 전투이다. 선과 악과의 전투이다. 이들은 거짓과 악에 넘어지지 않으려고 몸부림치는 자이다. 이를 두고서 갈등한다고 말한다.

이들은 자신에게 말하기를 "너 그렇게 살면 안돼" 하고 소리치면서 스스로에게 악에서 빠져나오기를 강요한다.

처음에는 그것이 자기 생각으로 하는 줄 알았다. 그런데 시간이 흐르면서 깨닫게 되기를 "아하! 이것은 내 스스로 하는 것이 아니라 주께서 힘을 주시는구나!"라는 사실을 알게 된다.

주께서 하시는 일인 것을 깨닫게 된다. 아주 미미한 몸부림이라도 주께서 주신 것이었음을 알게 된다.

악에 저항하고 선을 행하는 것이 자신이 보기에도 아주 미미해 보여도 주의 선물이 아니고서는 불가능하다는 것을 깨닫는다.

또한 자신에게 강요하지 않았다면 악에게 그대로 복종할 수밖에 없었을 것이다.

혹 어떤 이는 자신은 어린시절 심리적 상처로 인해 병들어서 이렇게 되어졌다고 변명하는 이들이 있다.

마음의 병이라고 말한다. 그래서 심리 치료를 받거나 정신 질환 약을 먹으면 치료될 수도 여긴다. 하지만 그는 자신 안에 있는 악과 거짓과 싸우려는 노력을 하지 않는다. 그저 무기력하게 악과 거짓의 지배를 받으면서 무너져 버린다.

나는 그런 이들에게 이렇게 말한다. "그러면 당신은 무엇을 했습니까?" 이렇게 물어보면 그는 대답한다. "나는 이미 병들어서 이런 증상이 나온 것인데 나보고 어쩌란 말이예요?" 하고 대답한다. 이런 대답의 기저에는 이미 내면의 거짓과 싸우지 않으려는 마음 즉, 변명이 깔려 있는 것이다.

우리는 악과 싸우고 선을 독려하는 강요를 통해서 천국에 도달함을 잊지 말아야 한다.

자발성의 결과

"여호와의 사자가 그에게 이르되 네 여주인에게로 돌아가서 그 수하에 복종하라(창16:9)."

위 구절은 주께서 아브라함으로부터 쫓겨난 하갈에게 하시는 말씀이다. 다시 아브라함에게 되돌아가서 복종하라는 뜻이다. 그 이유는 여호와께서 하갈의 고뇌에 귀를 기울이셨기 때문이다.

이 말씀의 의미는 속사람의 주권 앞에 겉사람은 복종하라는 의미이다. 아브라함은 속사람이고 하갈은 겉사람을 의미하고 있다.

"자신을 스스로 겸손하게 하고 괴롭힘을 당하게 하라" 이는 자발적 복종을 의미한다. 복종은 자신에게 강요하는 것을 말한다. 왜 자신에게 강요해야만 하는가?

첫째, 자발성 때문이다.

자발성은 자유를 의미한다. 자신에게 강요한다는 것은 억지가 아니다. 어쩔 수 없어서 하는 것이 아니다. 그런 것과는 구별된다. 스스로 자신에게 명령함이다.

자발성 없이는 개혁이 불가능하다. 자발성 없이는 마음을 열 수도 없고 천국을 받을 수 없다.

둘째 자발성은 악의 공격에 비례하여 존재한다.

악의 공격이 클수록 그에 비례하여 자발성은 더 크다. 그만큼 자유는 더 강해진다. 악의 강도에 따라서 자유가 존재한다. 주께서는 강요하시는 분이 아니시다. 강요에는 이성적 자유가 없다. 주의 방법은 의지에 의해 선택과 결단을 내리는 것이다. 만일 주께서 강요하여 인간을 인도하셨다면 인간은 개혁되지 않는다.

셋째 양심은 자발성이다.

양심은 본질상 그 자체가 강요당하는 것을 원치 않는다. 오히려 금지된 것을 실토하고 고백하게 만든다. 양심 고백이라는 말은 금지되어 있는 사항을 고백하는 것을 말한다.

 그 배경에는 양심의 가책이 있다. 그래서 솔직하게 고백하게 된다.

주의 본질은 여호와 자신이시다

 "내가 아버지 안에 거하고 아버지는 내 안에 계신 것을 네가 믿지 아니하느냐 내가 너희에게 이르는 말은 스스로 하는 것이 아니라 아버지께서 내 안에 계셔서 그의 일을 하시는 것이라(요14:10)."

 우리가 알아야할 사실은 주의 본질은 여호와 자신이라는 사실이다. 그래서 주님과 여호와는 한 분이시다.

 "예수께서 외쳐 이르시되 나를 믿는 자는 나를 믿는 것이 아니요 나를 보내신 이를 믿는 것이며 나를 보는 자는 나를 보내신 이를 보는 것이니라(요12:44,45)."

 주께서는 신성한 분이시고 그분이 말씀하신 아버지 말고 다른 분이 아니다. 주는 그분과 하나이시다. 하나되심의 결과가 주이시다. "만일 너희가 나를 알았다면 너희는 내 아버지 역시 알았다(요8:19)."

 "만일 너희가 나를 알았었다면 너희는 내 아버지 역시 알았다(요14:7-10)."

하나님과 인간의 연합의 결과

"내가 그리스도와 함께 십자가에 못 박혔나니 그런즉 이제는 내가 사는 것이 아니요 오직 내 안에 그리스도께서 사시는 것이라 이제 내가 육체 가운데 사는 것은 나를 사랑하사 나를 위하여 자기 자신을 버리신 하나님의 아들을 믿는 믿음 안에서 사는 것이라(갈2:20)."

주께서는 인간과 연합하신다. 인간은 주와 연합하므로 무한한 행복이 있다. 이에 대해 호세아는 놀라운 말씀을 한다.

"내가 네게 장가 들어 영원히 살되 공의와 정의와 은총과 긍휼히 여김으로 네게 장가 들며(호2:19)."

하나님께서 하나님의 백성에게 장가든다는 표현을 하셨다. 장가 든다는 말은 연합을 말한다.

"진실함으로 네게 장가 들리니 네가 여호와를 알리라(호 2:20)."

연합함으로 인해 여호와를 알게 된다는 뜻이다.

여호와께서는 선하신 분이므로 선과 하나됨으로 인간은 선한 인간이 되는 것이다.

인간은 생명의 수용 그릇이다. 인간은 생명되신 분을 받는 자들이다. 이것이 사람의 본성이다.

"무릇 살아서 나를 믿는 자는 영원히 죽지 아니하리니 이것을 네가 믿느냐(요11:26)."

"예수께서 이르시되 내가 곧 길이요 진리요 생명이니 나로 말미암지 않고는 아버지께로 올 자가 없느니라(요14:6)."

인간은 생명을 담는 그릇의 형체이다. 그 형체는 날실과 씨실처럼 세밀하게 조직되어 있는 형체로 이루어졌다.

그래서 주의 생명을 받으면 천국에 이르고 악한 자의 생명을 받으면 지옥에 이른다.

그릇이라는 말은 연합하려는 의지가 있음을 말한다. 고로 인간은 주와 연합해야 한다. 그러면 생명을 담게 된다.

주와 연합하는 과정은 이렇다.

즉, 주의 생명이 속사람에 흘러 들어온다. 그리고 속사람 안에 있는 선과 진리, 양심에서 합리성으로 이어진다. 그 합리성은 겉사람으로 흘러 들어 온다.

그러면 생명을 받은 겉사람은 세상과 환경을 접촉하면서 이웃 사랑을 하고 신앙의 덕을 세워 나간다. 이것이 주와 인간이 연합하는 과정이다.

고로 생명이 속사람에서 겉사람에 흐르도록 하기 위해서는 합리성이 있어야 한다. 합리성은 속사람과 겉사람을 이어주는 가교 역할을 한다. 이런 과정으로만 연합이 가능하다.

다른 방법이 없다.

제3장
선용과 삶

선용과 삶

천사의 행복

진정한 행복은 어디에 있는가? 혹 어떤 이들은 좋은 자연 환경 속에 집을 근사하게 짓고는 아무 근심 걱정없이 여유있게 지내는 것을 행복이라고 여긴다.

그래서 전원에 집을 짓고 수리하는 일에 일생을 투자하는 이들이 있다. 이렇게 안락하게 사는 것이 제일의 행복이라고 여긴다. 과연 그러한가?

그들이 말하는 행복은 편안한 육체적 삶이다. 하고 싶은 대로 마음대로 하고 먹고 싶은 대로 먹고 다니고 싶은 대로 여행을 다니고 입고 싶은 옷을 사 입고 좋은 자동차에 남들이 부러워해주면 그것이 최고의 삶이라고 여긴다. 그러나 이는 외적인 결과에 의한 삶이다. 내적 평안이 원인이 되어야만 진정한 평화가 있다. 그들이 말하는 행복은 마음의 평안이 아니고 물질적 결과가 주는 육체적 쉼을 말할 뿐이다.

그리고 이런 이들은 자신의 행복을 위해 타인이 기여해 주기를 바라는데 그런 행복은 결코 없다. 그것은 자기 중심적이고 무익한 삶에 불과하다.

과거의 황제들처럼 호화로운 삶에 익숙하다면 어떤 결과가 올 것인가? 그는 점점 무감각해지고 또한 무의미를 발견하게 되어 이 가운데 행복이 없다는 사실을 발견하게 될 것이다.

그렇다면 천사의 삶은 어떤가? 그들은 무엇을 위해 살며 존재 의미를 갖는가? 천사는 사람들을 섬기고 악령이 침범하지 못하도록 막고 선의 동기를 불어 넣어주며 인간이 천국에 오게끔 하는 데서 최고의 행복을 누리는 존재이다. 그들은 인간들이 저세상에 도착했을 경우에 안내하고 도와 주며 붙잡아 준다.

한마디로 천사의 행복은 사랑을 가지고 선용하는데 있다. 거기서 행복을 누린다. 그래서 어떻게 하든 인간들에게 선용을 독려한다. 천사들의 행복은 선용 안에 존재한다.

그러면 우리들은 어디에서 행복을 찾아야 하는가?

우리는 감각에서 오는 만족보다 이웃에게 선용하는 데서 행복을 발견해야 한다. 진정 천국의 기쁨은 안락이 아니라 선용에 있음을 깨달아야 한다.

이를 분명하게 안다면 행복이 편안함에서 오는 것이라고 착각했던 자신이 한없이 부끄럽게 여겨질 것이다.

선용의 열정

공동체 안에서 선용하고자 하는 자들이 있다. 그들은 봉사하기를 즐겨하고 병든 자와 가난한 자들을 돌보고 싶어한다.

어려움에 처한 자들을 찾아가 위로해 주거나 또는 그들을 위해 기도해 주는 일에 기쁨을 느낀다. 그들은 한 시도 가만히 있을 틈이 없다.

그래서 누구보다도 빨리 타인의 어려움을 찾아내어 도와줄 방법을 찾는다. 이들은 선용의 열의를 가진 자들이다. 선용의 열정이 식으면 그 생각은 죽은 생각과 같다.

선용의 의도

과거 못 먹고 못 입던 시절에는 단순하게 구제하는 것만으로도 선용이었다. 그러나 물질이 풍부한 나라에서는 물질적 차원의 선용이 아니라 정신적 선용이 필요하다. 정신적인 면에서 상대방을 성장하도록 돕는 것이다. 중요한 것은 선용하고자 하는 의도이다.

선용의 의도에는 몇 가지가 있다. 선용을 하되 동정심 차원으로 하는 자도 있고 주를 사랑하기 때문에 하는 자도 있고 계명을 실천하고자 하는 의도로 하는 자가 있으며 선한 마음으로 할 수도 있다.

단지 선용의 결과 만을 가지고 선용의 동기를 평가하기는 어렵다. 선용속에 들어있는 순수 의도가 개인마다 다르기 때문이다. 그가 어떤 마음으로 선용을 했는지는 주께서 아신다.

선한 자와 악한 자의 결과

주께서는 선한 자가 당하는 고난은 모든 것이 합력하여 선을 이루도록 하신다. 선한 자는 어떤 고난이 오더라도 더욱 선용하는 존재로 변화한다. 찬송가 가사처럼 "이 풍랑 인연하여서 더 빨리 갑니다"라는 가사처럼 된다. 누구든지 선한 목적을 가진다면 어떤 고통을 당하더라도 선용의 결과를 이룬다.

천국은 선용의 나라이다. 반면에 지옥은 악용의 나라이다.

주께서 인간을 지옥으로 던지는 일은 없다. 본인 스스로 쌓아 놓은 악으로 인해 제 발로 기어 들어갈 뿐이다. 악인은 자신의 악으로 인해 처벌 받는다.

그가 살면서 한 거짓은 그대로 자신에게 되돌아와 거짓이 그를 괴롭힌다. 그러면서도 그는 자기와 비슷한 자를 향해 처벌하고자 달겨 든다.

선을 흉내 내는 자

선을 흉내 낸다는 말은 위장하는 것을 말한다. 흉내 내기를 좋아하는 사람들은 좋은 평판을 얻고자 한다. 선 자체에는 관심이 없고 모양에만 치중한다.

성경에는 "너는 기도할 때에 골방에 들어가 문을 닫고 보이지 않는 네 아버지께 기도하여라. 그러면 숨은 일도 보시는 아버지께서 다 들어주실 것이다(마6:6)."

여기서 골방은 마음의 가장 깊숙한 곳을 의미한다.

방문을 닫으라는 것은 세상과 육체에 속한 모든 영향을 배제하라는 것이다. 기도할 때에 위선자들처럼 입술로만 거룩의 모양새를 흉내 내지 말라는 뜻이다.

거룩을 흉내 내는 자에 대한 경고이고 가르침이다. 사실 이들은 주를 믿는 자들이 아니다. 주의 사랑을 흉내된 것이다.

이는 가룻 유다가 주께 찾아와서 한 키스와 같다(마26:49).

유다의 키스는 순수를 배반한 위선이다. 유다의 키스는 마치 친절하게 보이지만 따라 온 무리들에게는 주를 잡으라고 보낸 신호이다.

진리의 본체되신 분에게 다가와 허깅하면서 더러운 키스를 날인한 것이다. 다시 말해서 이는 죽음이 진리를 영원히 침묵시키겠다는 표시이다.

과연 오늘날에 유다의 키스처럼 선을 흉내내는 일이 없는가? 결국 선을 흉내내는 것의 목적은 오직 이익, 명예, 종교적 명성을 얻는 것이다. 이 모든 행위는 악에 머문다.

이런 마음은 하늘을 향해서는 닫혀 있고 세상을 향해서는 활짝 열려 있다. 그럼에도 불구하고 주께서 이런 자들을 세상에서 허용하시는 이유는 외식하는 자의 재주에 속아서 진리를 찾는 선한 자들이 있기 때문이다.

선한 자들이 그들의 말을 듣는 이유는 자신의 선에 의해서이다. 하지만 저세상에서는 이런 눈속임이 존재할 수 없다.

지식과 선용

빅로르 위고는 "학교를 여는 자는 교도소를 닫는다"는 말을 했다. 지식의 위력을 의미한다.

인도 설화에는 "모든 보물 가운데 지식이 가장 중요하다. 왜 냐하면 지식은 도둑맞거나 주어 버리거나 소모시킬 수 없기 때 문이다."

생명 있는 지식

교파와 교리를 두고 논쟁하는 자들을 보면 결국 자신의 지식을 자랑하고자 함이다. 그들은 진리를 찾기 보다는 자신이 갖고 있 는 지식으로 남의 지식을 깔아 뭉개서 자부심을 얻고자 함이다. 이런 자는 교리적으로 자기와 틀린 자를 보면 시비하고 논쟁하 고 싶어서 견딜 수 없어 한다.

이들은 마치 싸움닭처럼 누구에게나 사소한 일에 시비를 걸어 싸우고자 대든다. 이렇게 사용된 지식은 바짝 마른 생선처럼 아무 짝에도 쓸모가 없다.

그러니 무슨 소용이 있겠는가?

지식은 진리에 근거하고 선용할 때 온전해진다. 고로 자신의 지식이 그러한가를 점검해야 한다.

또한 생명 있는 지식은 합리적 지식과 선용하는 지식이다.

고로 지식이 합리성과 선용 안에 있는지를 검토해야 한다. 지식을 배우되 선용의 목적을 배우지 않으면 그 지식은 죽은 지식에 그치고 만다.

그러나 지식이 합리성과 선용 안에 있다면 주께로부터 생명을 받는다. 다른 말로 하면 선용의 목적을 위해 합리적 지식이 쓰여질 때 생명이 된다. 결국 선용 목적이 없는 지식은 싸움 판을 위한 도구로 전락된다.

세상에서 아무리 많이 공부했다고 할지라도 단지 기억에 머문 지식은 합리성이 되지 못한다. 그런 지식은 기억의 범주에서 벗어나지 못한다. 합리성이 없는 지식은 선용하지 못하는 지식이고 오히려 그 지식은 타인에게 해를 준다.

자신을 교만하게 만들고 마음속에 거짓을 심기 때문이다. 지식의 변천 과정을 살펴 본다.

첫째, 기억에 저장하는 시기이다.

인간은 어려서부터 부모와 사회로부터 배운 지식을 기억에 저장한다. 이때는 아직은 지식적으로 빈약하고 미숙한 상태이다.

157

이때는 저장된 지식을 기반으로 논리를 전개한다. 자신의 생각
에 맞지 않으면 고집을 피우거나 상대방을 비판한다.

둘째, 지식을 점검하는 시기이다.

머리속의 기억을 끄집어 내어 점검하는 시기이다. 이때는 아
는 것에 만족하지 않고 곰곰이 따져보고 심사숙고하는 시기이
다. 기존에 배웠던 지식이 잘못되었다고 느끼면 스스로 갈등하
고 반항하기도 한다. 이 시기는 세상에 대해 애착을 갖는 때이
기도 하다. 애착이 있기 때문에 지식을 생활 속에서 적용해 본
다. 또 새로운 지식을 터득하면 매우 기뻐한다. 기존 지식을 새
롭게 점검하는 시기이다.

셋째, 지식을 활용하는 시기이다.

대인 관계를 하면서 다양한 일들을 경험한다. 그래서 지식을
기억에만 저장하지 않고 실생활 속에서 활용한다.

지식을 기억에 묶어두지 않고 세상에서 유용하게 쓰여지기를
원한다. 그래서 봉사를 통해 지식을 나누기를 원한다. 유용하
게 사용하기를 원한다.

그 과정에서 자신의 부족한 면을 깨닫고 반성한다. 부족한 면
이 발견되면 수정하고 새로운 생각을 갖는다. 즉, 개혁한다. 이
때는 다만 지식에만 그치는 것이 아니라 사람 됨됨이가 매우 중
요하다는 인식을 갖는다.

넷째, 인격이 변하면서 새로운 지식의 판도가 바뀐다.

자신의 지식이 보잘 것 없다는 생각이 들면서 그간 부족한 지식을 가지고 자랑했던 것을 깨닫게 된다. 지식을 자랑하고 고집했던 자신이 부끄러워진다. 지식에 대해 새로운 인식이 생기면서 자신이 어떤 존재인지를 알아간다.

중요한 것은 선이고 자신은 그 선을 위한 도구에 불과하다는 인식을 갖는다.

선한 자는 지식을 선하게 사용하지만 악한 자는 지식을 악의 용도로 밖에 사용할 수 없음을 알게된다. 그래서 무엇이 중요한지를 깨닫게 된다. 존재가 바뀌게 되면서 지식의 변화가 온다. 그리고 선을 위해 지식을 사용하게 된다. 이것이 선용이다.

사도 바울도 이런 과정을 거쳤다. 그는 이전에는 율법적 지식을 가지고 살았다. 그러나 그가 예수 그리스도를 만난 이후로 그리스도를 아는 지식을 위해 일생을 헌신하였다. 그는 말하기를 십자가 외에는 아무 것도 자랑하지 않게 되었으며 예수 그리스도를 아는 지식이 가장 고상하다고 하였다(빌 3:8).

선용의 목적

지식은 목적에 따라 생명과 사망으로 구분된다. 지식이 선용의 목적을 가질 때 생명있는 지식이 되고 악용의 목적을 가지면 사망의 지식이 된다. 고로 지식이 선용을 위해 사용될 때 그 목적을 다한다.

부모는 자녀들에게 어려서부터 선용 목적을 위해 공부하도록 가르쳐야 한다. 그렇지 않으면 그 지식은 쓸모 없는 지식이 되고 만다. 지식은 선용 목적을 가질 때 생명이 있다.

중국 속담에 재능은 부족하지만 양심있는 의사와 재능은 있지만 양심없는 의사 중 누가 더 나은가? 라는 질문이 있다.

돈을 벌 목적으로 약을 조제한다면 어찌될 것인가? 무슨 목적으로 그 약을 조제 했는지가 중요하다.

과연 질병을 치료하고자 하는 목적으로 약을 제조했는가에 따라서 결과가 달라진다.

양심이 작용할 때만이 사람들에게 유익을 제공할 수 있다.

선용 목적의 지식과 기억에 머무른 지식을 비교한다면 살찐 소와 바짝 마른 소를 대비해서 비교할 수 있다.

살찐 소는 건강하고 힘이 넘친다. 반면에 바짝 마른 소는 허약하고 힘이 없다.

살찐 소는 힘 있게 일을 하면서 자기 몫을 다하지만 바짝 마른 소는 힘을 쓰지 못하고 곧 주저앉고 만다.

기억에 머무른 지식은 많이 알고 있는 것으로만 만족한다.

자랑의 도구로 삼거나 무엇을 누릴 것인가를 연구한다. 그래서 누가 더 많은 지식을 가졌는지를 견주면서 의시대고 자랑하기를 좋아한다. 이런 목적을 가지고 있으면 이웃에게 유익을 주지 못한다.

무의식적 지식

의식은 수면 위에 떠오르는 생각이지만 무의식은 의식에 떠오르지 않는 생각을 말한다. 무의식은 바다 속에 잠겨있는 빙하처럼 의식에 드러나지 않기 때문에 알 수가 없다. 우리는 단지 떠오르는 의식만 이해할 뿐이다. 무의식은 두 가지로 이해할 수 있다.

첫째, 부모로부터 주어진 유전적인 면이다.

인간은 어려서부터 부모로부터 학습된다. 말하는 법, 밥 먹는 습관, 가치관, 예의 등 살아가는 데 필요한 것을 부모로부터 습득한다. 습득된 것을 가지고 살아간다. 부모로부터 배운 것을 내면화시킨다. 예컨대, 알코올 중독자 가정의 자녀가 자신도 모르게 알코올 중독자가 되는 경우이다. 그래서 아주 똑같지는 않지만 부모의 길을 걸어간다. 자신도 모르게 부모를 답습하고 있는 자신을 발견하게 된다.

둘째, 보이지 않는 세계로부터 흘러든 것이 있다.

주께서 인간에게 주신 것이다. 심리학자들은 무의식을 말하지만 이 부분에 대해서는 문외한이다. 보이지 않게 천국으로부터 흘러드는 은총을 이해하지 못하거나 아예 없다고 말한다. 실제적으로 많은 신앙인들이 주께 간구하는 이유는 천국의 신령한 것을 얻기 위함이다. 또는 지옥의 영들이 거짓을 내면에 집어넣기도 한다. 이때는 이들이 욕심에 사로잡혀 있을 때이다. 본인 자신이 느끼지 못하지만 악령이 작동하고 있는 것이다.

자아 인식을 하지 못하는 자

자아 인식은 자신의 내면을 들여다보는 작업이다. 소크라테스의 "너 자신을 알라"라는 말은 자아 인식을 하라는 의미이다. 자아 인식은 성숙한 자만 할 수 있는 고도의 인식 기능이다. 미숙한 자는 자아 인식이 없다.

첫째, 자신이 무슨 짓을 하는지 모른다.

자신이 무슨 짓을 하고 있는지 모르고 있다는 사실을 모른다. 자신도 모르는 사이 생각과 습관이 올라오고 있음을 모른다.

자신의 행동이 자신에게는 편하고 좋은데 왜 타인이 옆에서 그러면 안된다고 말을 하는지 그 제재하는 이유를 모른다.

자아 인식이 되지 않기 때문이다. 이들은 오로지 자기만 알 뿐이다. 그러나 이런 자라도 어느 정도 자아 인식이 되면 이런 고민을 한다. "내가 왜 이런 짓을 하는지 도대체 내 마음 나도 모르겠어!" 자신을 모습을 보면서 탄식하기도 한다. 성년이 되면서 무의식적 요소가 드러나기 때문이다.

둘째, 일부러 자아 인식을 하지 않으려고 하는 자들이다.

이런 자들의 특징은 자신이 매우 똑똑한 줄 안다. 자신에게는 지혜와 총명이 있고 그것이 모든 만사를 터득하고 있다고 생각한다.

주께서 주시는 은총을 인정하지 않고 오히려 반항한다. 이들은 말하기를 "내가 만일 스스로 진리를 깨달을 수 없다면 그저 아무 일도 하지 않고 감나무 열매 떨어지기를 기다리는 것과 무엇이 다른가? 그 말이 사실이라면 나는 절대로 생명을 얻지 못할 것이다."

그는 진리는 주께서 주시는 것이라는 사실에 대해 저항을 해 보지만 결국 그 어떤 방법으로도 진리를 얻을 길이 없다는 사실을 깨닫게 된다.

이들 중에는 몸에 질병이 오거나 삶의 위기와 고통에 빠질 때 주께 돌아와서 그때서야 진리를 구하는 자들이 있다.

저 세상 지식은?

우리에게는 생존을 위한 지식이 필요하다.

하지만 죽음 이후에 저세상에서 가서 필요한 지식은 영혼의 본질에 맞는 생명의 지식 외에는 소용이 없다. 결국 저세상에서는 주와 이웃 사랑과 일치된 지식은 필요하지만 그외 잡다한 지식은 필요치 않다.

그 나라에서는 사랑에 관련된 지식만 선발된다. 예컨대, 컴퓨터, 운전 기술, 집짓는 법 등은 자연 과학 세상에서는 필요하지만 그 나라에서는 필요 없다.

생존하기 위해 배웠던 자연 과학적 지식은 그 나라에서는 쓸모가 없다. 하지만 그 일을 하면서 이웃에게 베풀었던 사랑은 남는다.

그 나라에서 필요한 지식은 선용의 지식뿐이다. 그 나라는 선한 나라이기 때문이다. 선한 자들의 모임 즉, 천국 백성들에게 맞는 지식은 선한 지식밖에 없다.

결국 선용하지 않았던 자들에게 남는 것은 악밖에 없다.

한마디로 속사람에게 필요한 지식은 선택되지만 속사람과 관계 없는 지식은 쓸모가 없다. 속사람은 겉사람에게서 사랑에 관련된 사항을 점검한다. 그 외의 것은 쳐다보지도 않는다.

다시 말해서 주님과 이웃 사랑은 명확하게 바라보지만 세상과 자기 사랑은 희미하게 여길 뿐이다. 결국 천국 사랑과 의도에 맞는 것은 남고 그렇지 않은 지식은 거절 당한다.

이런 관점으로 보았을 때 우리가 세상에서 배우고 알았던 지식은 과연 무엇에 비유할 것인가? 성경에서는 이 부분에 대해서 상세히 가르쳐 주고 있다. 그 지식은 제물을 바치고 난 이후에 타다 남은 재와 같다. 제사장은 그 재를 버릴 때 세마포 옷으로 갈아 입고 진영 밖, 깨끗한 장소로 옮긴다(레6:9-13).

이해가 지혜가 되는 과정

그러면 어떻게 이해가 지혜가 되는가?

어려서부터 인간은 삶의 경험을 통해 배운 많은 지식을 기억에 저장한다. 읽고 들음을 통해서 지식을 습득하여 많은 분량의 지식을 기억에 저장한다.

기억은 지식의 창고이다. 지식은 쓰임을 위한 대기 상태라고 할 수 있다. 그리고 선용에 쓰여진 지식은 생명을 위해 유용한 재료가 된다. 선용을 위해서는 기억에서 지식을 끄집어 내어야만 한다. 기억에 저장된 기억을 가지고 말하기, 분별하기, 판단하기, 바르게 처신하기를 배운다. 그 지식은 이해력을 위해 필요한 지식이다. 지식을 근거해서 이해되기 때문이다. 그리고 그 지식으로 인해 지혜가 생긴다. 이런 방법에 의해서 인간은 발전한다.

지식은 쓰임을 위한 도구이다.

인간의 특이한 점은 배움의 능력이다. 인간은 어려서부터 지식을 얻어가는 즐거움을 느끼기도 한다. 짐승들은 본능 외에는 더 발전하지 못하지만 인간은 배움을 통해 많은 것을 습득하는 능력이 있다. 인간이 만물의 영장인 이유는 배움의 능력이 있기 때문이다. 두 종류의 인간이 있다.

첫째, 지식을 선용을 위해 사용하기 보다는 쌓아둔 것에 만족을 느끼는 인간이다.

조선 시대 선비들이 과거 시험을 위해 밤이 새도록 공부하는 이유는 출세와 영달을 위해서였다.

이런 식으로 부와 명예를 얻기 위해 지식을 습득하는 경우이다. 이런 지식은 자기 만족을 위한 도구로 전락된다. 결국 그 지식은 주로부터 멀어지게 하거나 탐욕적 인간이 되도록 만든다. 지식이 그를 망하게 하는 도구가 된다. 욕망, 탐욕, 쾌락의 목적을 가지고 지식을 터득하는 것은 영혼을 망하게 하는 지름길이다.

둘째, 선한 일을 위해 지식을 터득하는 경우이다.

이때의 지식은 선용을 위한 방편이 된다. 지식을 활용하면 지식을 통해 합리성이 주어지고 또한 영적 존재가 된다.

영적 존재가 되는 이유는 합리성을 통해서 겉사람이 속사람에 인접되기 때문이다. 속사람은 언제나 겉사람으로 하여금 선용하도록 독려한다. 겉사람이 선용한다면 지식의 사명을 다하게 된다.

지식이 기억에 저장되는 이유

배움의 시작은 의심에서 시작된다. 초기에는 의심을 해결하기 위해서 노력하다가 학문이 확장된다. 그리고 그 지식은 뇌에 저장되어 언젠가 활용되기 위해 질서있게 배열된다. 지식이 기억에 저장되는 이유는 다음과 같다.

첫째 생각하는 능력을 주기 위해서이다.

지식이 기억에 저장됨은 창고에 많은 금, 은, 보화가 저장되어 있는 것과 같다. 쓰임을 위해 질서정연하게 대기 상태에 놓여진다. 그 지식이 생명을 위해 쓰여지기도 하고 사망을 위해 쓰여지기도 한다. 그것을 사용하는 자의 상태에 따라서이다.

둘째 생명을 위해서 이다.

사는 날 동안 배운 지식이 기억에 저장되는 이유는 지식을 선용해서 생명의 지식이 되도록 하기 위함이다.

선용하는 지식이 되려면 다음과 같은 점을 유의해야 한다.

첫째, 속사람의 선과 진리, 양심에 합당하게 사용되어야 한다.

둘째, 겉사람의 공정과 공평을 위해 사용되어야 한다.

셋째, 어떤 환경과 여건에서도 이를 적절하게 활용하고자 하는 합리성이 필요하다.

지식은 쓰는 자에 달려있다. 선한 자는 선한 쪽에 쓰고 악한 자는 악한 쪽에 쓴다. 사용자에 따라 다르게 나타난다.

성경에는 "무릇 있는 자는 받아 넉넉하게 되되 없는 자는 그 있는 것도 빼앗기리라(마13:12)."고 말했다.

이 말은 그 나라에서는 선한 자들은 더욱 풍성하게 되지만 선이 아예 없거나 부족한 경우는 그나마 있는 것마저 박탈된다는 뜻이다. 이 원리가 완벽하게 이루어지는 나라는 저세상이다.

그러니까 세상에서 선용했던 자들은 저세상에서 뛰어난 존재가 되지만 세상에서 선용하지 않았던 자들은 아무리 진리의 지식이 풍부하더라도 모두 빼앗기게 된다는 뜻이다. 많고 적음은 쓰는 자의 목적에 따라 구별된다.

책의 선용

인류는 책과 함께 문명이 발전해 왔다. 책속에서 많은 지식과 경험의 지식을 얻는다.

책은 마치 좋은 교사를 곁에 두는 것과 같다.

밀턴은 "좋은 책은 내세를 위해서 미이라로 만들어 소중히 보관할 위대한 영혼의 소중한 혈액이다"고 했다.

책은 우리를 더 높은 지식의 세계로 인도한다. 우리가 책을 읽을 때 때로는 왕이 되기도 하고 철학자가 되기도 한다. 우리는 책을 보면서 다양한 경험을 하고 더 아름다운 여행을 떠나기도 한다.

영국의 극작가 존 플레쳐는 "좋은 벗인 책이 있는 곳은 영광스런 궁전과 같다. 나는 거기에 있는 현자와 철학자와 대화를 나눈다. 때때로 왕과 대화를 하면서 그들의 충고를 되새긴다. 그들이 부정하다 싶으면 그들의 이미지를 지워 버린다. 그런 즐거움을 어찌 버릴 수 있겠는가? 너희는 부를 쌓기를 원하지만 나는 지식을 더 늘리기를 원한다."

영국의 캠브리지 대학교 교육가 로저 애스컴은 말하기를 "학문은 20년 동안 경험이 가르친 것을 단 일년 만에 가르친다. 경험은 현명하게 만들기 보다는 비참하게 하기도 하지만 학문은 안전하게 가르친다. 경험으로는 위험을 감수해야 한다. 여러 번 난파를 경험한 선장은 불행한 선장이다. 여러번 파산한 부자는 비참하다. 경험으로 사는 지혜는 값비싼 지혜이다. 경험으로 현명해 지려는 사람은 자기가 지향하려는 바를 모른다. 늙었든지 젊었든지 경험만으로 얻은 지혜와 행복을 살펴보라. 20명중 19명은 모험을 하다가 죽는다. 당신의 자녀가 그런 경험으로 지혜와 행복을 얻게 할 것인가 깊이 생각하라"

우리는 좋은 책을 선정해서 읽다 보면 번민과 걱정이 사라지고 어느새 마음의 평안이 찾아오는 것을 느끼게 된다.

글자를 통해 들어오는 지식은 깨달음을 안겨주면서 새로운 의식의 변화가 생겨난다. 그리고 인생의 목적이 달라지는 것을 느끼게 된다.

중국 속담에 "책을 읽어라 그렇지 않으면 멍청한 자손이 대를 잇게 될 것이다"고 말한다.

유대인의 속담에도 "만일 잉크가 책과 옷에 떨어졌다면, 먼저 책에 떨어진 잉크를 닦아낸 다음 옷에 묻은 잉크를 지워라. 만일 책과 돈을 동시에 떨어뜨렸다면 책을 먼저 집어들어라."

근세 철학의 아버지라고 불리우는 데카르트는 "좋은 책을 읽는 것은 지난 몇 세기에 걸쳐 가장 훌륭한 사람들과 대화 하는 것과 같다."

모두 책의 소중함을 말하고 있다. 좋은 책은 인간으로 하여금 심사숙고하는 존재가 되도록 하는 위력이 있음을 강조한다. 책은 인간에게 지식을 전달하는 선용의 역할을 하고 있다.

이웃

과연 우리의 이웃이 누구인가?

우리가 선용해야 하는 우선 순위를 알아보자.

첫째로 최고 이웃은 주님이시다. 그 다음은 주의 나라, 교회, 국가, 사회, 개인의 순서로 이어진다. 인류, 국가, 사회, 교회는 이웃의 범주 안에 있다.

이렇게 보면 인원이 많은 곳부터 시작해서 우선 순위를 가진다.

율법학자들이 주께 이웃에 대해 물어 보았을 때 주께서는 선한 사마리아인의 비유를 들어 말씀하셨다. 선한 사마리아인이 실천한 것처럼 선이 최고의 이웃이라는 의미이다. 고로 이웃의 정의는 선이다. 주께서 "네 이웃을 사랑하라"고 하신 이유는 이웃에게 선행하라는 의미이다.

이웃에게 선을 행하는 것은 주를 섬기는 것이다.

그 이유는 주께로부터 이웃에게 선이 흘러들기 때문이다. 선이 곧 우리의 진정한 이웃이다. 고로 선용은 이웃의 선에 도움이 되어 주는 것이다. 선행으로 인해 타인의 선한 원리가 강건해도록 도움을 준다.

다시 말해서 선한 원리는 인간 안에 계신 주님이시다. 타인이 가진 선의 원리를 보살피는 것은 그 가운데 계신 주를 섬기는 것이다. 고로 우리는 선을 행해야 할 뿐만 아니라 그 행함이 지혜로워야 한다. 지혜롭게 사랑해야 한다.

그러면 "사람이 나를 섬기려면 나를 따르라 나 있는 곳에 나를 섬기는 자도 거기 있으리니 사람이 나를 섬기면 내 아버지께서 그를 귀히 여기시리라(요12:26)."

내가 있는 곳에 나를 섬기는 사람도 있게 된다는 말씀대로 된다. 이렇게 타인에게 선한 행위를 실천하면 생명의 일부가 되어 영속적으로 길이 남는다.

애착과 선용

애착의 정의는 "애착은 마음의 끌림이나 애정이며 특별한 대상과 갖는 친밀한 정서적 관계"이다.

애착은 그 범위가 넓고 광대하다. 크게 말해서 선의 애착, 진리의 애착, 악의 애착, 거짓에 대한 애착 으로 나뉘고 그 종류는 수도 없이 많다. 인간 삶은 모두 애착이라고 말할 수 있다.

애착에 따라 지식이 달라진다.

예컨대, 애완견을 좋아한다면 개에 대한 관련 지식이 많아진다. 개의 먹잇감부터 개의 습성에 이르기까지 개의 관련 지식의 폭이 넓어진다.

장미꽃을 좋아하는 자가 있다면 그는 장미에 관련된 지식의 범위가 넓어진다. 언제 물을 주어야 하는지 비료는 어떻게 주어야 하고 어떻게 전지를 해줘야 하는지에 대해 지식의 폭이 넓어진다.

또 쾌락을 중심으로 살고 있다면 쾌락에 따른 지식이 많아진다. 쾌락에 관련된 지식의 폭이 넓어진다. 어떻게 하면 쾌락이 극대화되고 더 즐길 수 있는지를 알게 된다.

인간에게는 애착이 숨겨져 있다. 애착이 깊게 숨겨져 있어서 아무도 그가 어떤 애착을 갖고 있는지 말을 하지 않으면 알 길이 없다. 하지만 그의 말과 행동을 보면 그의 애착을 알 수 있다.

위선에서 자각으로

위선은 겉으로는 선한 척 하지만 속으로는 악을 가진 경우이다. 위선하는 자를 두고 양의 탈을 쓴 늑대라고 표현한다.

위선하는 자는 자신을 꽁꽁 숨기기 때문에 진실을 정확하게 판별하기는 어렵다. 하지만 위선하는 자라도 본 모습을 드러내는 때가 있다. 그것은 자신이 추구해 왔던 세상 영광과 재물, 이기적 욕심이 무너져 내릴 때이다. 그 때는 질병이나 파산 혹은 죽음의 위기가 찾아오게 되어 절망감이 순식간에 밀려올 때이다.

위기를 겪으면 세상이 헛됨을 알게 되고 모든 것이 쓸데없다는 생각을 갖게 된다. 이 순간은 자신의 계획이 산산이 무너지는 때이다. 인간에게는 모든 것이 헛됨을 알게 되는 순간이 찾아온다.

이때 그는 생각하기를 "아! 나는 그야말로 텅 빈 전구같이 되었구나!" 하고 탄식하게 된다. 그 순간 진정한 자신의 모습이 드러나게 된다. 그러면 자신의 내면을 인식하게 되고 자신이 한

없이 미약하고 부족하다는 사실을 느끼게 된다. 하지만 이때에는 그간 숨겨져 있던 선이 드러나기도 한다.

아주 깊숙하게 모습을 드러내지 않던 선이 드러나는 것은 그간 칠흑같은 어둠속에서 새로운 눈이 뜨여졌기 때문이다.

이때가 영혼의 자각이 된 때이다. 그리하여 그는 바르게 사는 것이 귀하고 선이 소중함을 깨닫게 된다.

이때가 인생의 전환점이 되어 선용하는 삶을 살게 되면서 새로운 애착을 갖는다. 새로운 삶이 시작된 것이다.

진리 애착

애착은 몹시 끌리거나 사랑하는 상태이다. 애착하는 것을 보면 그가 무엇을 좋아하는지를 알 수 있다. 애착은 그가 어떤 존재인지를 파악한다.

농부가 농작물에 애착을 갖는다면 먼저 토양을 좋게 하기 위해서 땅을 갈아엎고 퇴비를 주며 잡초를 뽑아낸다. 토양에 따라 생산물이 결정되기 때문이다. 곡식이 잘 자라고 좋은 열매를 맺으면 토양의 품질이 좋음을 말한다.

마음은 진리가 심겨지는 토양이다. 마음의 토양이 선하면 진리는 선한 열매를 맺게 된다. 그래서 주께서도 씨를 뿌리는 비유를 말씀하시면서 네 가지 마음 밭을 구분하셨다. 그중 옥토는 진리가 결실하는 밭이라고 말씀하셨다.

한마디로 마음의 상태는 애착 상태이다. 애착의 품질은 마음의 품질과 같다. 마음의 품질에 따라 진리가 심겨졌을 때 열매가 맺혀진다.

"오직 성령의 열매는 사랑과 희락과 화평과 오래 참음과 자비와 양선과 충성과 온유와 절제니 이같은 것을 금지할 법이 없느니라(갈5:22-23)."

그러나 처음부터 순수한 애착을 갖지는 못한다. 초기에는 그 애착이 매우 저급하고 이기적이다. 초기에는 자신의 명예와 이기적 목적을 갖는다.

진리 애착보다는 자아 애착이 더 강하기 때문이다. 처음부터 그의 나라와 그의 의를 먼저 생각하는 것이 아니다. 그러나 많은 시험과 연단을 통해 결국 그의 마음속에 있는 거짓과 악이 물러나면서 순수함이 빛이 발한다.

마음속에 있는 진리는 순수의 토양에서 결실한다. 세상사는 동안에 이 작업은 계속 진행한다.

그에게 순수 애착이 있기 때문에 환란 속에서 넘어지지 않고 진리의 열매인 선용이 이루어진다. 이는 주의 섭리이다.

진리의 품질

우리는 거짓이 난무한 세상 속에 살고 있다. 우리가 알고 있는 진리의 지식이 과연 제대로 되었는지 의심이 들 때가 있다.

잘못된 지식을 가지고 열심히 설교를 하거나 이기적인 목적으로 사업을 하는 자들도 있다.

이런 자들과 접촉할 때 전수받은 지식이 잘못되었음에도 불구하고 이것을 점검하지도 않고 그대로 수용하는 경우가 있다.

아무 생각 없이 타인이 가르쳐준 그대로 받아들이는 자들은 심사숙고 하는 수고와 노력이 없다.

자기 생각을 남에게 떠 맡겨 버린 것이다. 그러나 이로인해 거짓 사상이 마음에 파고 든다. 세상은 혼탁한 지식이 난무한 가운데 있음을 명심하라.

고로 자신이 갖고 있는 진리의 품질을 가늠하기 위해서는 선용의 삶을 살고 있는가 하는 것이다. 그러면 어떻게 마음에 가지고 있는 진리가 선용이 되도록 할 것인가?

순수한 의도이다. 순수 의도를 가진 자는 주께서 계속적으로 계발하신다. 그 계발은 이 세상에서뿐만 아니라 죽음 저편의 세계에서도 계속된다.

초기에는 부족해서 진리를 제대로 깨닫지 못했다고 할지라도 연단 과정을 거치면서 순수해지고 선해진다.

그에게 순수 의도가 있기 때문이다. 주께서 모든 것이 합력하여 선으로 인도하신다. 하지만 순수한 의도가 없는 자는 결국 악에 떨어지고 만다.

한마디로 선과 악의 갈림길에 순수 의도가 자리 잡고 있다. 어떻게 악을 가지고 선용을 할 수 있다는 말인가?

선용자의 받을 복

선용자는 자신에게 주어진 현재 상태에 만족한다. 돈이 있든지 없든지 가난하든지 부하든지 지위가 높든지 낮든지 관계없이 현재에 만족한다. 왜냐하면 주어진 것을 자기의 소유라고 여기지 않기 때문이다. 자신에게 주어진 모든 것은 선용을 위한 도구이다. 가지고 있는 지위나 재산은 선용을 위한 수단이다. 그가 중요하게 여기는 것은 오직 영원한 것들이다.

선용의 나라

천국은 어떤 나라인가? 천국의 개념에 대해 오해하는 자들이 있다.

천국을 아무 걱정, 근심 없고 육체적으로 쉬는 곳이라고만 여기고 그 곳에 가면 자신을 누군가가 떠받들어준다고 생각한다. 천국에서 고생 없이 편안하게 쉰다는 생각을 갖고 있다.

이는 천국을 물질의 나라로 착각하기 때문이다. 세상은 물질로 구성되어 있지만 천국은 영으로 구성된 나라이다. 천국은 주와 이웃을 사랑하는 자들이 모인 곳이다.

천국은 선용의 나라이다. 천국이 선용의 나라인 이유는 그곳에 온 선한 자들이 선용의 목적을 가지고 왔기 때문이다.

천국 백성의 삶은 선용하는 데 목적이 있으므로 개인의 생각, 애착, 행동이 선용의 지배를 받는다.

그들은 선용을 목적하는 만큼 천국에서 살 수 있다.

그러면 선용하는 자에게는 어떤 보상이 주어지는가? 선용에 대한 보상은 지혜와 행복이다. 선용에 일치하게 지혜와 행복이 주어진다.

계시록에 보면 빌라델피아 교회를 향해서 "네가 가진 것을 굳게 잡아 아무도 네 면류관을 빼앗지 못하게 하라(계3:11)."

지혜가 멸하지 않도록 하라는 의미이다. 면류관은 지혜를 의미한다. 천국은 지혜로부터 영원한 행복이 오기 때문이다.

선용의 가치를 알고 사는 자

선용의 가치를 소중히 여기고 사랑하는 자는 그에 따라 다음과 같은 보상이 주어진다.

첫째, 지혜와 총명이 주어진다.

우리는 건강을 위해 음식물을 섭취하거나 영양분을 공급한다. 그렇게 해서 건강한 신체를 유지한다. 건강한 신체를 유지하는 이유는 건강한 정신을 위해서이다. 건강한 육체에 건강한 정신을 담을 수 있기 때문이다.

그러면 건강한 정신은 어떤 상태인가? 그것은 지혜와 총명이다. 고로 우리가 선용을 실천함은 지혜와 총명을 얻고자 함이고 더 나아가 사후 삶을 위해서이다.

둘째, 주께서 능력을 주신다.

천국은 궁핍한 자와 겸손한 자가 높임을 받는다. 겸손한 자는 자신에게 아무런 능력이 없음을 인정하기 때문에 주께서 능력을 주신다.

궁핍한 자도 영적으로 배고픔을 인식하고 자신은 아는 것이 아무것도 없음을 인정하므로 주께서 그에게 재산을 주신다.

하지만 물질에만 가치를 두는 자는 절대로 이런 사항을 납득할 수 없다. 그들의 삶의 목적은 오로지 돈과 명예와 재물이다.

고로 오직 돈과 이익 추구에만 관심을 갖고 소유에서 기쁨을 갖는다. 이들에게는 돈이 전부이다.

이들은 내적 가치를 이해하지 못하기 때문에 물질적 세상에만 안주한다. 선용과 이웃 사랑이 얼마나 소중한지 그 가치를 모른다.

오직 이들은 돈과 명예만 중요할 뿐이다. 단지 무서워하는 것은 이것이 상실되는 것이다.

하지만 분명한 것은 재물에만 관심을 두고 살다가 언젠가 물질이 필요없는 나라가 도래하는 날, 자신에게는 지혜와 총명이 하나도 없고 자신은 지극히 작은 자에 불과하다는 사실을 알게 되는 것이다.

그때는 육체가 더 이상 기능을 하지 못하는 때이다. 그의 심장과 폐가 멈추지만 그의 영은 살아있다. 심장 박동이 멈추는 순간 다시 영으로 깨어난다. 그리고는 이세상에서 저세상으로 건너간다. 성경에 말하는 죽음은 부활과 삶의 계속을 의미한다.

그의 내적 감각은 살아서 그 세계의 광경을 본다. 자신안에 있는 진정한 본성이 드러나면서 마지막으로 그는 천국 또는 지옥으로 간다. 이는 저세상에서의 과정을 대단히 짧게 기술한 것이다.

사후의 삶을 믿지 않았던 자는 사후 자신이 살아 있다는 사실이 매우 당혹스럽다. 하지만 저세상을 목적하면서 선용의 가치를 알고 살았던 자는 생명이 주어진다. 이들은 자신의 것은 천국 창고 안에 있음을 믿었던 자이다.

천국은 선용하는 자들이 모인 곳이다. 질적으로 선용 수준이 높아질수록 그에 비해 천국의 기쁨은 더하다. 천사들은 선용의 품질에 따라 행복을 누린다. 왜냐하면 선용이 생명을 풍성하게 함을 알기 때문이다.

우리는 이런 소망을 가지고 살아간다.

악용자의 운명

악용은 악한 일에 쓰임 받는다는 뜻이다. 악한 자는 악용한다. 악용하는 자는 다음 몇가지 특징이 있다.

첫째 자신이 무슨 짓을 하는지를 모른다.

이들 중에는 사회에서 지도자 위치에 있는 자도 있다. 이들의 특징은 자신이 소속된 단체나 사회에 유익을 주고자 하는 의도가 없다. 이들의 목적은 오직 자신이 그 자리에서 남아서 칭찬과 존경을 받고자 하는 욕심뿐이다.

이들의 삶은 온통 자신을 위한 이기적인 목적에만 초점이 모아져 있다. 자신에게 이익이 되지 않으면 시큰둥하다. 그들은 욕심에 끌려 다니는 자이다.

성경에는 이런 자를 두고 돼지로 표현하고 있다. 돼지로 표현하는 이유는 욕심이 가득하다는 의미이고 이는 악에 대한 열정에 사로잡혔다는 뜻이다. 이런 마음은 귀신이 좋아하는 마음 상태이다. 그래서 돼지떼 속에 귀신이 들어갔다고 하는 것이다.

문제는 자신이 악한 일에 쓰임을 받고 있으면서도 자신이 하는 짓을 모른다는 것이다.

둘째 선을 파괴한다.

"너희는 너희 아비 마귀에게서 났으니 너희 아비의 욕심대로 너희도 행하고자 하느니라(요8:44)."

이 말씀은 주께서 유대인들에게 하신 말씀이다. 주께서는 유대인들에게 너희들은 너희 아버지가 했던 짓을 하고 있다고 말하고 있다. 그들의 아버지는 마귀를 의미한다.

여기서 마귀는 악의 원리를 의미한다. 마귀는 수많은 악령으로 구성된 어둠의 세력들이다. 이것이 인간 마음에 작동된다.

인간들은 악을 즐거워하면서 그 즐거움으로 왜 자신이 이런 짓을 하는지 인식을 못한다.

마음속에 있는 악은 악의 원리이다. 악마는 마음에 욕망을 일으켜서 마음을 끌고 다닌다. 고로 갖가지 욕심을 일으키는 것은 마음속 마귀의 짓들이다.

그중에는 선을 파괴하고자 하는 욕망이 있다. 이것은 영적 살인이다. 선을 파괴하는 것을 살인이라고 말하는 이유는 천국 가는데 장애가 발생하도록 만들기 때문이다.

그래서 마귀를 두고 "태초로부터 살인자"라고 말하고 있다.

이는 태고 적부터 있었다. 이는 가인이 아벨을 죽이는 것에서 시작된다. 살인은 악의 성품이고 악의 깊은 본성이다. 살인은 악이 결말을 보려는 의도 속에 숨겨져 있다.

셋째, 감각적 쾌락에 빠진다.

중국 사기에 나오는 말에 주지육림(酒池肉林)이라는 표현이 있는데 술이 연못을 이루고 고기가 숲을 이룬다는 뜻이다.

즉, 먹고 마시고 즐기는 일에 심취한 상태를 의미한다. 삶을 그저 먹고 마시고 타인의 흠을 잡아서 공격하고 비판하는 일에만 허비한다.

인간이 감각적 쾌락에 몰입되면 영적인 면은 잠든다. 즉, 감각에만 관심을 두고 이성과 양심을 잃어버린다면 그는 잠든 상태이다. 고로 감각적 차원에서 영적 수준으로 넘어간다는 것은 잠에서 깨어나는 것이다.

성경에 "요셉이 잠에서 깨어 일어나 주의 사자의 분부대로 행하여 그의 아내를 데려왔다(마1:24)."고 하였다.

잠에서 깨어난 요셉은 주의 천사가 하라는 대로 순종했다. 모든 잡념과 의심을 떨쳐 버리고 천사의 분부를 받아서 마리아를 자기 아내로 맞이했다.

요셉은 잠시 시험이 있었지만 그 시험을 이기고 순종하게 되므로 하나님의 독생자의 출생이 온 인류에게 실현되었다.

넷째, 선을 남용한다.

이들의 목표는 선을 계속적으로 뒤집는 것이다. 선한 일도 나쁜 일로 뒤집어 버린다. 남용의 특징이다. 이들에게 아무리 정성을 기울이고 잘해주어도 결국에 가서는 배반하고 만다.

사실 악한 자는 선한 자 없이 존재할 수 없다. 빛이 있어야 어둠이 존재하는 이치이다.

선은 꾸준히 흐르는 냇물처럼 주께로부터 흐르고 있지만 선을
어둠으로 뒤바꾸어 버린다. 선에 대항하여 꾸준히 반작용한다.

선용하라고 주어진 것을 가지고 남용으로 이어지는 일은 너무
나 흔하다. 그러기에 책임이 필요하다.

무책임한 자는 자신의 선택에 책임감을 느끼지 않는다. 자신이
좋으면 모든 것이 가능하다고 여긴다. 하지만 가능하다고 해서
그것이 모두 유익이 되는 것은 아니다. 무책임이 무슨 권한이
라도 되는 양 부끄러움이 없다.

자신의 무책임은 타인의 탓이라고 변명을 한다. 그래서 이렇게
살 수밖에 없노라고 확신을 한다. 그리고 타인에게 호소하면서
동정심을 구한다. 이런 자의 특징은 선용을 모르면서 선한 척을
한다는 것이다. 이들의 목적은 선용하고자 하는 것이 아니라 자
랑하는데 있다. 자랑에 목마른 자들이다. 자랑하면서 자신의 자
존심을 높이고자 하는 데 있다.

이런 식으로 오랫동안 살다보면 그들의 삶은 전혀 개선되지 않
는다. 주께서는 모든 것을 아시고 또한 보시는 분이시다. 그분
은 선을 남용하는 것을 보신다. 그리고 그분의 영광을 위해 허
용 법칙 안에 두신다.

즉, 모든 것이 합력하여 선을 이루기 위해 오래 참으신다. 우
리가 이 정도만큼이라도 그분의 섭리를 이해한다는 것에 감사
할 수 밖에 없다.

모든 심판의 목적은 조정이다. 즉, 잘못된 것을 올바르게 하는 것이다. 선한 자는 선용할 힘이 회복되고 악한 자는 남용할 힘이 박탈 당하는 것이다.

다섯째, 사탄이 밀까부르듯 한다

주께서는 베드로에게 이런 말씀을 하셨다.

"시몬아, 시몬아, 들어라. 이제는 키로 밀을 까부르듯이 너를 제멋대로 다루게 되었다. 그러나 나는 네가 믿음을 잃지 않도록 기도하였다. 그러니 네가 나에게 다시 돌아오거든 형제들에게 힘이 되어다오(눅22:31)."

이 말씀에서 우리는 사탄이 베드로를 흔드는 모습을 본다. 사탄이 주의 제자에게 영향력을 발휘하고 있는데 그것이 허용되고 있다. 그 이유는 밀로부터 겨를 제거하기 위해서이다.

사탄은 베드로에게 체로 까부르듯 힘을 발휘하면서 동시에 악한 자를 더욱 황폐하게 만든다. 악한 자를 선동해서 덮고 있던 가면이 벗겨지고 본성이 드러난다.

이것은 사탄에게 행하도록 허용된 악이다.

여섯째 심판이다

"내가 보니 죽은 자들이 큰 자나 작은 자나 그 보좌 앞에 서 있는데 책들이 펴 있고 또 다른 책이 펴졌으니 곧 생명책이라 죽은 자들이 자기 행위를 따라 책들에 기록된 대로 심판을 받으니(계20:12)."

바울은 우리는 모두 그리스도의 심판대 앞에 나가야만 한다고 말한다(고후5:10).

하나님은 심판자이시다. 하나님만이 인간을 심판할 수 있다. 그 이유는 그 분만이 마음속의 비밀을 아시기 때문이다. 그래서 그 분 앞에 대소를 막론하고 죽은 자들이 서 있다. 크고 작은 이들의 성품이 무엇이든지 간에 심판을 받는다.

그런데 책이 펴져 있다. 이 책은 무슨 책인가?

그 책은 인간 마음이다. 이 안에 생각, 말, 행동이 씌어 있다. 이 때는 천국 빛 앞에 마음의 모든 내용이 드러난다.

행동의 결과, 원인으로서 생각, 목적으로서 의도가 명백하게 드러난다. 언어로 표현할 수 있는 한계보다도 더 정밀하게 펼쳐진다.

그 책의 내용은 결국 마음으로 인한 선용과 악용이다. 인간의 모든 것이 다 드러난다. 그리고 영원히 남는다. 이것이 심판에서 열린 책이고 이 기록으로부터 모든 이는 심판된다.

그런데 또 다른 책이 펼쳐 있다고 하였다.

그것은 생명 책이다. 이 책은 하나님의 책이다.

결국 심판은 하나님의 책의 내용과 인간 자신의 책의 내용이 일치하느냐 불일치 하느냐에 의거한다.

하나님의 책과 일치되는 책을 지닌 이들은 하나님의 마음과 일치되는 마음을 지닌 자들이다. 이들에게는 생명으로 판결된다. 그러나 하나님의 마음과 일치되지 않는 마음을 지닌 자들은 죽음으로 판결된다.

고로 생명 책에 이름이 기록되었다는 말은 선용이 기록됨을 의미한다. 인간의 이름은 성품을 의미한다.

천국의 생명 원리는 하나님을 사랑하고 이웃을 사랑하는 원리이다. 즉 선용의 원리이다.

"나에게 잘못을 저지르는 자는 누구든지 그의 이름을 나의 기록에서 지워버린다(출32:33)."

선용자는 생명 책에 이름이 적혀 있지만 악용자는 이름이 없다는 원리이다.

"그들의 이름을 생명의 책에서 지워 버리시고 의인들의 명부에 올리지 마소서(시69:28)."

우리가 알 것은 하나님의 법칙은 선용의 원리라는 사실이다. 그것은 이미 마음속에 새겨졌다. 그것은 양심이다.

하나님께서는 각자의 마음속에 양심을 새겨 놓으셨다. 이는 마음에 새겨진 계시이고 주의 처소이다. 천사는 양심에 방문하여 주의 계시를 전해준다. 인간은 그 소리를 듣고 양심의 찔림을 받는다. 양심의 소리를 듣고 실천하는 자는 선용한다.

"하나님께서는 세상을 창조하신 때부터 창조물을 통하여 당신의 영원하신 능력과 신성과 같은 보이지 않는 특성을 나타내 보이셔서 인간이 보고 깨달을 수 있게 하셨습니다. 그러니 사람들이 무슨 핑계를 대겠습니까(로마서1:20)."

생명의 기쁨

인간의 성향은 그가 기뻐하는 방향으로 나아간다.

이는 본인이 무엇을 기뻐하느냐에 따라서 다르다. 인간은 기쁨을 얻는 방향으로 나아간다. 기쁨에서 살아있음을 느끼고 또 희망을 갖기 때문이다. 고로 무엇을 기뻐하는지를 살펴보면 어떤 삶을 추구하는지를 알 수 있다. 이처럼 기쁨은 삶에 큰 영향을 준다.

예컨대, 도둑들이 탈취한 재물을 두고 서로 기뻐한다면 그들의 기쁨에 동참하여 함께 기뻐할 수 있는가?

정직하지 않은 정치가가 불의한 계책을 써서 정적을 망가뜨리고 기뻐한다면 그들의 계략에 함께 기뻐할 수 있겠는가?

정욕에 찌든 자가 가정을 버리고 쾌락을 누리면서 기뻐한다면 어떤 마음이 드는가?

정의에서 벗어난 일에 대해 기뻐하는데 함께 기뻐할 수 있는가? 아니면 혐오스러움을 느끼는가?

기쁨의 수준은 그의 삶의 목표를 말해준다.

그렇다면 기쁨은 어떠해야 하는가?

첫째, 생명 있는 기쁨

기쁨은 무엇을 생각하고 믿느냐에 따라 올라온다. 신념에 따라 주어진다. 하지만 생명있는 기쁨은 질서에 따른 기쁨이다.

선용에서 즐거움을 발견한 자들은 다른 것에서는 즐거움을 느끼지 못한다. 선용 후에 오는 즐거움만이 이들에게 큰 행복감이다.

반대로 감각적 전율에서만 즐거움을 찾는 자들은 일생에 걸쳐 그 즐거움을 위해 많은 시간과 정열을 바치면서 산다.

하지만 그 일이 아무리 즐거워도 질서에서 벗어나면 생명이 없다.

무슨 짓을 하건 상관치 않고 돈 버는 일에만 몰두하고 기뻐한다면 그를 두고 사람들은 수전노라고 부른다. 돈을 모을 줄만 알고 쓸 줄을 모르는 사람이라고 낮추어서 부른다.

왜냐하면 그 안에 생명이 없다. 그것이 생명이 되려면 질서에 맞아야 한다. 고로 부정하다고 여기거나 더럽다고 생각되면 즉시 멈춰야 한다. 생명이 없기 때문이다.

그러면 이 말을 듣고 이렇게 생각할 수도 있다. "그러면 세상 모든 즐거움을 버리고 산속에 들어가서 홀로 살아야 하는가?"

모든 즐거움을 버리고 고행하면서 살아야 하지 않겠는가? 혹 어떤 이는 모든 즐거움을 버리고 스스로 고행을 자처하기도 한다. 그러나 고행한다고 해서 진정한 기쁨을 얻는 것은 아니다.
진정한 기쁨은 질서 안에서 온다.

그것이 비록 고생되고 힘들어도 그 속에 천국의 생명이 있다.
생명 있는 기쁨은 부정한 기쁨을 훨씬 뛰어넘는다.

둘째, 진정한 기쁨

선용에서 진정한 기쁨이 있다고 말하는 이유는 선용안에 천국의 기쁨이 들어 있기 때문이다. 선용은 선에서 출발한다. 선용의 생명은 천국의 생명이다. 이웃을 자기 몸처럼 사랑하는 자는 선용이 진행 중이다.

선용에서 진정한 기쁨을 얻을 수 있다. 이 기쁨은 생명이 있는 기쁨이다.

셋째, 보람있는 기쁨

가족을 위해 집을 짓거나 식량을 준비한 이후에 얻는 기쁨은 한결 마음이 뿌듯하고 보람있는 즐거움이다.

가족을 위해 노동을 하고 집에 돌아오는 기쁨은 선용이 얼마나 소중한지를 가르쳐준다. 선용의 기쁨은 영혼에 자리 잡는다. 그리고 그 자신을 선한 존재로 만든다.

아이들을 사랑하는 데서 오는 기쁨, 친구들과 우정을 나눔에서 오는 기쁨, 감미로운 음악을 들음으로 오는 기쁨, 동류들과 노래함의 기쁨, 보는 데서 오는 기쁨, 아름다운 옷을 입는데서 오는 기쁨, 좋은 집을 가꾸는 데서 오는 기쁨, 정원을 가꾸는 기쁨, 여행하면서 새로운 광경을 보는 기쁨, 향기를 맛보는 기쁨,

맛있는 음식을 섭취하므로 오는 기쁨, 사랑하는 이와 터치를 통해 오는 기쁨 등 수많은 종류의 기쁨이 있다.

이 모든 기쁨은 애착이 어느 정도 충족되었을 때 얻어지는 기쁨이다. 그 애착은 선에 대한 애착이었을 때 더 크고 진정한 기쁨이 주어진다.

악에 대한 불량한 애착은 자아 사랑, 관능적 행위, 세속적인 관심을 말한다. 이런 데서 기쁨을 누리는 자들은 실상 죽은 것에 불과하다. 우리가 알아야할 것은 진정한 기쁨은 선용에서 온다는 사실이다.

넷째, 공동의 선을 위한 기쁨

종교적 열심을 가지고 주어진 직분에 충성을 하면서 큰 일이든 적은 일이든지 주를 섬기는 마음으로 헌신하는 자이다.

자기를 위한 만족에 그치지 않고 공동의 선의 목표를 세우고 살아가는 자이다. 이런 생각을 갖는 자는 자기를 위해서는 매우 아까워하지만 공동체를 위해서는 희생할 줄 안다.

섬기는 자세를 가지고 산다. 이들의 마음에는 선한 기쁨이 가득하다. 이 기쁨은 위로부터 주어지는 신성한 기쁨이다.

다섯째, 각양 좋은 은사를 주신다.

선용자는 선한 지혜를 얻는다. 그 지혜로 인해 자유. 행복, 기쁨을 누린다. 이는 모두 주께서 주신 것이다. 생명의 귀중한 것은 주께로부터 흘러들어온다. 위로부터 주어지는 생명력이다.

또한 이들에게는 평화가 있다. 평화는 주를 의지함으로 얻어지는 안정감이다. 평화는 선용자에게 주어지는 하늘의 위로이다.

선용자는 선을 아주 예민하게 지각한다. 그 이유는 선에 대한 애착이 있기 때문이다. 선에 방해되는 일을 자신도 모르게 한다면 그 자리에서 끊을 줄 안다.

선용의 기쁨을 모르는 자들이 있다. 어려서부터 선용에서 어떤 기쁨이 오는지 경험해 보지 않은 자들이다.

내가 아는 분 중에 어려서 부모 얼굴도 모른 채 자라다가 범죄의 소굴에서 벗어나지 못하고 이곳 저곳을 전전하는 아이들을 맡아서 양육하는 시설에 있는 분이 있다.

이 분은 말하기를 이 아이들은 부모의 얼굴을 본 일도 없고 부모가 사랑으로 안아 준 일이 없고 부모의 따뜻한 목소리를 들어본 일이 없다고 하였다.

그분은 이런 아이들을 양육하면서 늘 긴장과 스크레스를 받고 있었다. 언제 어디에서 또 문제가 터질 지 모르는 긴박함이 있기 때문이다.

하지만 어렵지만 분명한 것은 이런 아이들에게도 하나님의 섭리는 작용하고 있으며 마음속에 양심이 선재하고 있다.

선용을 습득하고 배운다면 주께서 좋은선물을 주실 것으로 믿는다. 이들도 반드시 선한 일꾼이 될 것이라고 확신한다. 이 일은 인간이 할 수 있는 것이 아니고 하나님이 하시기 때문이다.

순진무구와 선용

순진무구의 정의는 자신은 무익한 종에 불과하며 선을 행했다면 자신의 힘이 아니라 주께서 주시는 것으로 했을 뿐이라고 자신의 미약함을 인식하고 고백하는 상태이다.

감리교회 창시자 요한 웨슬레는 의도의 순수성을 말하면서 신앙에 순수가 없으면 마귀의 신앙이라고 말했다. 신앙에는 순진무구가 반드시 필요함을 말하고 있다.

신앙 있는 자를 보았는가? 그의 순진무구를 보았는가? 순진무구가 있느냐 없느냐의 차이는 신앙의 품질 면에서 차이가 난다.

순진무구는 자신을 드러내지 않는 지극히 순수한 상태이다. 인간이 순진무구 상태가 되고자 하면 겸손하고 주를 사랑하는 마음이 있어야 한다.

주님 사랑이 원인이 되어 순진무구의 결과가 주어지기 때문이다. 순진무구의 출발은 주님 사랑이다.

어린 아이같이 되라

 주의 제자들이 "누가 높은가?" 하고 서로 다투었다. 제자들의 다툼은 누가 하늘 나라에 들어갈 수 있는가? 가 아니라 누가 그 나라에서 큰 자인가? 에 대한 다툼이었다. 지배욕의 싸움이다. 이에 대해 주께서는 이런 말씀을 하셨다.

 "예수께서 어린이 하나를 불러 그들 가운데 세우시고 나는 분명히 말한다. 너희가 생각을 바꾸어 어린이와 같이 되지 않으면 결코 하늘나라에 들어가지 못할 것이다(마18:3)."

 어린 아이같이 된다는 말은 모든 지배욕을 버리고 자신을 아무 것도 아니라고 인정하는 순진무구가 있어야 한다는 말이다. 어린아이들은 천사들에 의해 통치하고 있다.

 "삼가 이 작은 자 중의 하나도 업신여기지 말라 너희에게 말하노니 그들의 천사들이 하늘에서 하늘에 계신 내 아버지의 얼굴을 항상 뵈옵느니라(마18:10)."

순진무구 형태

 어린 아이들은 부모에게 의존되어 있다. 그들은 먹는 것, 입는 것, 장래를 걱정하지 않는다. 이는 마치 천사들이 주께 인도되는 것을 사랑하는 것과 같다.

 또한 어린 아이들은 세상 권력을 부러워하는 일도 없다. 이들은 비슷한 나이의 또래를 좋아하며 예절과 말씨를 가르쳐 주는 대로 몸에 익힌다.

그들은 순진무구를 가지고 있기 때문에 쉽게 따라한다.

어린 아이들의 행동은 순진무구의 겉 모양을 보여준다. 하지만 어느 정도는 내적인 면을 보여준다. 얼굴과 몸짓, 행동은 순진무구가 배어나온 것이다.

사실 부모는 자녀를 키우면서 아이의 순진무구에 감동되어 아이들을 더욱 사랑한다.

인간의 일생을 보면 유아 시절의 외적 순진무구는 노년이 되어 내적 순진무구를 갖는다. 노년기에는 비록 육체적으로는 노쇠하지만 어린 아이처럼 된다. 이는 일생에 거쳐 어린 시절에 가졌던 외적 순진무구를 통해서 내적으로 순진무구하게 되는 것이다. 마음의 전진 과정이다.

순진무구는 어린아이의 얼굴, 언어, 몸짓에서 드러난다. 그러나 유아들의 순진무구는 참된 순진무구가 아니다. 그것은 어린아이들의 모습에서 외적 형태를 보여주는 정도이다. 어린아이들은 내적으로 무지하고 분별력이 미약하기 때문이다.

순진무구는 지혜이다. 순진무구한 만큼 주께 인도받고 그만큼 지혜로워 진다. 다시 말해서 인간은 초기에는 외적 순진무구로 인도되지만 그 다음에는 지혜의 순진무구로 인도된다.

순진무구와 지혜

"아버지여 이것을 지혜롭고 슬기 있는 자들에게는 숨기시고 어린 아이들에게는 나타내심을 감사하나이다(마11:25)."

위 구절에서 말씀하는 어린아이는 순진무구를 의미한다. 이 말씀의 의미는 지혜는 순진무구 안에 있음을 의미한다.

고로 순진무구에는 지혜가 들어 있다. 순진무구는 지혜 외에는 다른 것이 아니다. 고로 지혜로운 사람일수록 더욱 순진무구하다.

주는 지혜의 근원이시다. 지혜로운 사람은 주께 인도되기를 원하고 자신의 힘과 능력으로 하겠다는 생각을 하지 않는다.

그들은 세상에서 선용하는 것이 곧 주를 사랑하는 것이라고 믿는다. 땅위에 존재하는 선을 사랑하고 진리에서 기쁨을 찾고 주어진 환경에서 만족하며 사는 비결을 배운다.

그들은 자신에게 무엇이 필요한가는 잘 알지는 못하지만 영원에서 영원까지 배려하시는 주를 의지한다. 이 모든 것이 지혜에서 비롯되는 것이다. 천사들은 주를 의지하는 존재들이다. 그들은 순진무구하고 지혜가 있다.

순진무구와 선용

천국은 본질상 순진무구이다. 순진무구가 없으면 천국 안에 들어갈 수 없다. 순진무구한 마음에 하늘나라를 담는다.

순진무구한 마음은 천국을 담는 그릇이다. 천국 백성이 될 자격 조건이다. 천국은 순진무구와 함께 존재하며 순진무구가 목적이 되는 나라이다.

고로 마음에 순진무구가 없다면 목적이 없는 것이다. 순진무구가 없이는 아무 것도 아니라는 의미이다.

순진무구의 목적에서 출발하여 신앙의 원인으로 선용의 결과가 나타난다. 목적, 원인, 결과는 서로 연속적이지만 결과 안에 세 가지가 존재한다.

가장 깊은 곳에 목적이 있고 그것을 감싸는 것은 원인이고 결과는 그 모든 것을 포함하고 있다. 결과 안에 원인이 있고 원인 안에 목적이 있다.

결과에서 원인을 제거하면 결과를 없애는 것이고 원인에서 목적을 제거하면 모두 결과까지 파괴된다.

이 말은 순진무구의 목적이 없는 행위는 무익함을 의미한다.

선용안에는 신앙과 함께 반드시 순진무구가 들어있다. 순진무구가 있어야만 천국 백성이 될 수 있기 때문이다.

주의 당부(요21:15-17)

주께서 부활하신 후에 베드로에게 당부를 하셨다.

베드로에게 세 번 "네가 나를 사랑하느냐? 질문을 반복하시면서 그분의 양을 먹이고 보호하도록 엄숙한 임무를 맡기신다. 그 세 가지를 살펴보자.

첫째, 내 어린 양을 먹이라.

먼저 어린 양(lamb)에 먹을 것을 주라고 하셨다.

어린 양은 태어난 지 1살 이전의 양이다.

성경에는 이스라엘 백성이 애굽에서 나올 때 첫날 밤에 어린 양을 먹도록 하였으며 문설주와 인방에 어린 양의 피를 뿌리라고 하였다. 이는 순진무구를 갖고 있는 자들에게는 저주가 물러난다는 뜻이다.

어린 양은 순진무구의 선을 의미한다. 이것은 베드로 뿐 아니라 모든 사람에게 주시는 임무이다. 즉, 각자의 마음에 주께서 주신 것을 돌보라는 뜻이다. 주께서 제자들의 마음에 쌓아두신 것은 어린 양이다. 그것은 순진무구이다.

둘째, 내 양을 치라. 밤중에 목자들은 들판에서 양을 치고 있다가 천사들을 만난다(눅2:8). 이들은 비록 적은 수이지만 순진무구를 지키느라 애쓰는 사람들이다. 양(sheep)을 치라는 말의 의미는 이웃 사랑을 의미한다.

셋째, 내 양을 먹이라! 세 번째의 양은 믿음의 선을 의미한다.

주께서 당부하시는 것은 마음에 있는 순진무구, 이웃 사랑, 믿음에 자양분을 공급해 주어서 잘 성장하도록 하는 것이다.

이는 선용을 위해서 살라는 말씀이다.

주는 하나님의 어린 양이라 불리웠다. 순진무구의 근본되시는 분이라는 의미이다. 요한계시록 5장 6절에도 주는 보좌 한가운데 계신 어린 양으로서 표현되어 있다. 보좌는 가장 깊은 천국을 말한다. 주께서는 세상에 순진무구를 회복시켜 주심으로 죄를 없애주셔서 자유로워 지도록 하시는 분이시다.

세상을 위한 구원의 방법이다.

하나님 섭리와 선용

섭리는 주의 예견과 계획하심을 말한다. 우주 만물이 질서있게 운행하는 것은 하나님이 섭리가 있기 때문이다. 섭리는 여러 수단을 거친다. 하지만 결국 선한 목적을 이루는 것을 섭리라고 한다. 하나님의 섭리는 일생을 마칠 때까지 계속되고 영원까지 이른다. 사람도 목적을 이루고자 하면 반드시 수단을 거쳐야만 한다.

창조

하나님은 목적, 원인, 결과의 질서를 가지고 섭리하신다.

첫째, 천국은 창조의 목적이다.

이 목적은 인간 구원을 위함이다. 하나님은 모든 인간이 천국에서 행복하게 살기를 원하신다. 그 나라는 선한 자들이 갈 수 있다. 그래서 인간들에게 진리를 주시기 위해 주께서 오셨고 진리를 따르는 자는 선하게 하셨다.

둘째, 하나님은 여전히 새 창조를 이루고 계신다.

하나님께서 선용하지 않으셨다면 우주 만물이 질서 있게 움직일 수가 없다. 섭리는 개인, 사회, 국가에 적용되는데, 이 모두가 선용의 그릇이다.

셋째, 하나님은 사람을 통해서 선용의 결과를 이루신다.

비록 인간은 하나님의 섭리를 깨닫지 못하지만 인간을 통해서 섭리하신다. 그분은 사람이 질서대로 살기를 원하시고 결과를 창출하기를 원하신다.

인간이 선의 목적을 가지고 이성을 활용하여 감각을 다스려서 선용의 결과를 드러내기를 원하신다. 그렇지 않으면 관능적 쾌락의 늪에 빠지고 만다.

섭리 목적

주께서는 인간의 일생 전체를 내다보시고 섭리하신다. 이렇게 인간의 삶 전체를 미리 내다 보시고 섭리하지 않으면 세상은 선한 자가 없이 악한 자들로 가득찰 것이다. 하나님께서 목적을 갖지 않으시면 세상은 온통 혼탁해질 수밖에 없다.

섭리는 영원히 지속된다. 미래는 현재이며 현재는 영원이다. 하나님은 인간에게 시련과 고난을 허용하시는 이유는 악에서 떠나 선하게 살도록 인도하시기 위함이다.

첫째, 하나님의 섭리는 다양한 수단을 통해 끊임없이 진행된다.

다양한 환경 가운데 다양한 양상을 통해서 섭리가 진행된다.

하나님은 인간이 선한 질서대로 살기를 원하셔서 십계명을 주셨다. 인간은 양심을 통해서 그 질서를 느낀다.

살인, 도둑질, 간음, 거짓말, 탐심은 그것이 잘못되었음을 양심으로 느껴진다.

십계명의 규율을 어기면 "아! 내가 잘못 했구나" 하고 양심이 가르쳐 준다. 양심이 가르쳐주는 대로 살게 되면서 점점 사람다운 사람이 되어간다. 이처럼 하나님의 섭리는 인간으로 하여금 진리대로 살도록 하신다. 진리는 범위가 넓고 무한하다.

둘째, 하나님은 갓난아이 때부터 영원에 이르기까지 섭리하신다. 그 방법은 이렇게 진행한다. 즉, 앞에 것은 다음을 위한 수단이 되는 과정을 통해서이다. 그래서 우리가 지난 과거를 생각하면서 후회하고 잘못을 깨닫게 된다. 그 이유는 과거는 현재와 미래를 위한 준비 과정이기 때문이다. 그런 식으로 과거와 현재가 연속적으로 진행되어 간다.

이 과정은 영원까지 진행되기 때문에 끝이 없다. 이렇게 해서 지혜가 성장된다. 의지도 이런 과정으로 발전한다. 고로 하나님의 섭리는 온전한 사람이 되도록 진행된다.

그 과정은 무한하고 영원하다. 무한다는 말은 양적 차원이고 영원하다는 뜻은 시간적인 의미이다.

인간은 아는 것이 너무나 미약해서 섭리의 법칙을 이해할 수가 없다. 이는 과학적으로 해명이 불가능하다. 과학이 해답을 줄 수가 있겠는가? 섭리는 신비중의 신비이다.

섭리는 그야말로 위대하다고 감탄할 수밖에 없는 법칙이다. 섭리가 있기 때문에 인간이 보존된다.

하나님은 사랑과 지혜를 가지고 운영하신다. 섭리 법칙이다. 이에 대해 다음의 몇 가지를 도출할 수 있다.

① 섭리는 인간이 계산할 수 없다.

② 섭리는 악한 자, 선한 자, 불의한 자, 의로운 자 공평하다.

③ 섭리의 목적은 악에서 구하시기 위함이다.

④ 섭리하심으로 악과 싸우신다.

⑤ 섭리 목적을 위해 십자가의 고통을 겪으셨다.

⑥ 섭리는 선한 자, 의로운 자가 되기를 끊임없이 원하신다.

셋째, 섭리 법칙은 진전 과정이다

작은 씨에서 가지와 줄기가 나오고 잎이 자라고 꽃을 피운다. 그리고 열매를 맺어서 씨를 생산하여 또 씨에서 줄기가 나오는 과정은 영원히 지속된다.

인간의 진전 과정도 이와 같다. 인간 삶의 과정은 다음과 같이 비교된다. 씨에서 가지가 나온 것은 유년기에 해당되고 가지가 줄기가 되는 것은 소년기, 꽃이 피는 것은 청년기이며 열매를 맺고 씨를 생산하는 것은 장년기라고 할 수 있다.

인간의 거듭남은 자연의 질서처럼 연속적인 거듭남의 과정을 통해 진전을 거듭하여 발전한다. 섭리는 인간의 끝없는 거듭남을 통해 진전된다. 이처럼 하나님의 섭리는 인간을 구원하여 거듭남이 영속적으로 진행한다.

선용을 향하신 하나님의 섭리

인간을 향한 섭리는 생명을 주시기 위함이다. 즉, 선용을 통해서 생명을 주신다. 생명을 얻기 위해서는 계명을 지키고 선용해야 한다.

단순하게 예배드린다고 주어지는 것이 아니다. 어떤 이는 열정적으로 경배와 찬양을 드리거나 입으로 하나님께 영광을 돌린다고 말하면 하나님은 그 말을 들으시고 기뻐하신다고 한다. 인간의 죄된 본성을 가지고 마이크에 대고 선포하거나 종교적 열심을 낸다고 하나님의 마음을 움직이는 것이 아니다.

하나님의 섭리는 인간이 선용하는 데 있다. 선용은 생명의 통로이다. 어떻게 해야 선용의 마음을 갖는가?

우선 천사를 보면 어떻게 해야 생명을 얻을 수 있는지를 알 수 있다. 천사에게는 지혜가 있다. 그들은 인간을 천국으로 인도하는 주의 심부름꾼이다. 또한 주께로부터 사랑과 지혜를 받고 다양한 방법으로 인간들을 돕는다. 그들의 선용이다.

고로 우리가 생명을 얻고자 하면 천사같이 우선 사랑을 가져야 하고 그 다음 선에 이르기 위해 진리를 가지고 삶에 실천할 때 선용하게 된다.

선용을 분별하는 잣대

오늘날 많은 사람들은 자신의 행위가 과연 무엇을 위한 일인지를 분별하지 못하고 있다.

이 일이 자신을 위한 것인지 아니면 타인에게 선용하는 것인지 분별하지 못한다. 사실 분별하고자 하는 마음조차 없다.

그것을 분별하는 잣대는 주님 사랑, 이웃 사랑, 세상 사랑, 자기 사랑이다. 주님 사랑에서 자기 사랑까지 등차를 세워 놓는다면 하늘에서 땅끝까지이다. 그 길이만큼 등차가 각양각색이다.

인간의 일은 이 범주 안에 있다. 이 중에서 과연 내가 하고 있는 일이 어느 차원에 해당되는지를 점검해야 한다.

과연 어느 차원에서 이 일을 하는지 그 의도를 선의 잣대로 측량해야 한다.

자아 사랑과 세상 사랑을 가진 사람은 선용의 의도는 있더라도 조금이라도 손해 볼 것 같으면 그 자리에서 선용을 멈추어 버린다. 결국에 가서는 자기 이익을 목적한다. 처음부터 자신을 위한 의도를 가졌기 때문이다.

진정으로 선용을 원하는 사람은 자신이 아니고 주와 이웃에게 목적을 둔다. 오히려 그 일로 인해 자신에게 손해가 오더라도 기꺼이 손해를 감수한다.

또한 선용을 통해서 주의 뜻을 분별한다. 선용을 통해 진정으로 주의 뜻인지 아니면 욕망대로 움직이는지를 분별한다.

선용의 차이는 순도높은 금과 불순한 금의 차이와 같다고 할 수 있다.

허용 법칙과 선용

하나님의 섭리에는 허용 법칙이 있다. 허용 법칙은 하나님이 시련과 고난을 허용하시는 원리이다. 허용 법칙은 섭리 안에 포함된다. 허용 법칙의 의미는 오래 참으신다는 뜻이다. 그것은 더 큰 목적을 위해 막지 않으시고 참으신다는 뜻이다.

예컨대, 자녀가 수술을 할 때 부모의 마음은 찢어질 듯이 아프지만 그 아이가 병에서 치료되기 위해서는 그 고통을 감내하는 것과 같다.

하나님께서 허용하신다는 말은 하나님이 원하신다는 의미가 아니라 오래 참으신다는 의미이다. 그 이유는 인간의 구원을 위해서이다. 구원은 섭리와 일치한다. 그러나 그 과정은 고난과 고통, 재난을 허용하심이다.

첫째, 허용 법칙은 선을 위해서 이다.

하나님께서는 구원의 길을 걷도록 인도하신다. 이 일을 위해서는 부득불 악의 시험과 시련 등의 허용 없이는 불가능하다.

하나님의 섭리는 구원의 목적을 향해서 운행하는데 인간의 의지는 정반대로 움직인다. 그래서 매순간 또는 매단계에서 인간이 구원의 길에서 벗어난 것이 감지되면 고통을 허용하심으로 인간이 깨닫고 돌아오기를 원하신다.

그것이 인간을 인도하시는 방법이다. 그렇다고 인간이 아무 짓도 하지 않았는데 시험이 다가온다는 말은 아니다. 원인없는 결과는 없다. 아무런 이유없이 허용된 것은 없다. 흔히 인간들은 이런 불만을 토로 한다

"왜 하나님은 우리가 고난을 당할 때 미리 막지 않으시고 모른 척하셨나요?"

우리가 고통을 당할 때 그 당시 왜 막지 않으셨는가 하는 의문이다. 이는 허용 법칙 때문이다. 인간의 모든 삶에서 큰 목적을 위해 참고 계신다는 뜻이다. 그 이유는 인간의 의지 때문이다. 의지가 선한 목적을 가질 때까지 기다리신다는 뜻이다.

둘째, 목적을 위해 악을 허용한다.

인간은 악으로 인해 환란과 고통을 겪는다. 하지만 악에 머무르게 하지 않으시고 악을 이길 힘을 주심으로 악에서 벗어나 선을 바라보도록 인도하신다.

고로 허용 법칙 안에는 환란과 고통을 통해서 깨닫도록 하셔서 불순한 악을 제거하기 위한 하나님의 뜻이 담겨 있다.

다시 말해서 악이 주는 환란과 고통을 통해 악을 지각해서 악을 청산하기를 바라시는 것이다. 왜냐하면 본인 스스로가 악

을 받아들였기 때문에 스스로 악을 털어버리도록 하기 위함이다. 그런데 왜 인간은 고통을 겪으면서도 지각이 없는 것일까? 그 이유는 오히려 악을 즐기기 때문이다. 악이 주는 쾌락에 빠져서 악에 더 깊이 침몰해 버린 것이다.

셋째, 시험 극복이다.

시험은 욕망이고 선택이다. 도대체 왜 계명을 어기고 싶어하는 마음이 올라오는가? 이런 욕망이 어디서 오는 것인가?

주께서 니고데모에게 이런 말씀을 하셨다. 바람이 임의로 불어오는데 본인은 어디서 오는지 알 수 없다고 하셨다. 본인 자신은 무슨 연유인지 알 수 없다.

잔잔하던 갈릴리 바다에 광풍이 사납게 다가왔다. 그때 배에 타고 있던 제자들은 이로 인해 죽음의 위협을 느끼게 되었다. 그래서 그들은 죽게 되었다고 부르짖는다.

그때 주께서는 바다위로 걸어오셔서 풍랑을 향해 잔잔하라고 명령하셨다. 그러자 바다는 고요해 졌다. 주께서 거센 풍랑의 영향력을 멈추게 하신 것이다.

인간이 한계에 도달할 즈음에 풍랑위를 걸어오셔서 인간을 보호해 주셨다.

바울은 말하기를 "사람이 감당할 시험 밖에는 너희가 당한 것이 없나니 오직 하나님은 미쁘사 너희가 감당하지 못할 시험 당함을 허락하지 아니하시고 시험 당할 즈음에 또한 피할 길을 내사 너희로 능히 감당하게 하신다(고전10:13)."고 하였다.

가끔 인간들은 자신은 믿음이 약해서 어쩔 수없이 시험에 넘어졌다고 핑계한다.

사실 이 말은 답변이 될 수 없다. 어쩔 수없이 넘어지는 상황은 없다. 모두 자신의 선택일 뿐이다. 눈에 보이지 않는 선한 영향력과 악한 영향력 둘 중 하나를 선택한 것뿐이다.

인간들은 언제나 그 영향력을 주는 영적 세력 한가운데 있다. 선한 영적 세력과 악한 영적 세력 중에서 어느 하나를 선택하고 있다. 인간은 이들의 영향력을 느끼며 그들의 소리를 듣고 있다.

다시 말해서 인간은 속에서 임으로 올라오는 좋고 나쁜 생각과 느낌 자체에 대해서는 책임이 없다. 하지만 이런 생각이나 느낌을 어떻게 할 것인지에 대한 책임의 소지는 분명 자신에게 있다.

새가 머리 위로 날아가게 하는 것은 어쩔 수 없지만 새가 머리에 둥지를 틀게 한다면 자신에게 책임이 있는 것이다.

선한 자나 악한 자 모두 마음속에 분노, 미움, 시기심, 앙심, 탐심 혹은 자만심이 올라온다. 그러나 악한 욕망를 따르고 기쁨을 느낀다면 그것은 자신의 것이 된다.

반대로 이런 욕망이 올라올 때 단번에 거절하고 선을 따른다면 그것도 자신의 것이 된다. 시험은 선택에서 비롯된다.

다시 말해서 우리가 선을 자유롭게 선택하지 않으면 선을 영원히 자기 것으로 만들 수 없기 때문이다.

그러므로 각 사람의 영적 수준에 따라 시험이 허용되는데 그이유는 선을 선택하도록 하기 위함이다.

예컨대, 힘든 운동을 열심히 해나가면 우리의 근육이 단련되는 것과 같다. 인격이 악에 노출됨에 따라 선한 의지가 강건해진다. 그렇다고 일부러 시험을 받을 필요는 없다. 우리는 스스로의 약함을 잘 알지 못하기 때문이다. 오직 주 만이 우리가 악과 싸울 준비가 되어 있는지를 판단하신다.

그분은 우리에게 "시험에 들게 마옵시고 다만 악에서 구하여 주옵소서..." 하고 기도하라고 하셨다. 때가 되어 주께서 허용하시는 시험이 오게 된다면 우리는 시험에 정면으로 맞서야 한다. 또한 주께서 시험을 위해 준비해 두신 모든 수단을 동원해서 시험을 극복해야 한다.

사탄이 가롯 유다 안에 들어가도록 허용된 이유

가롯 유다 안에 있는 악은 악 중에서 가장 크고 무서운 악이다. 이 악이 주께 대항하였다. 악이 주께 대항하므로 가장 깊은 악까지 정복해낼 수 있었다. 주께서 지옥의 악을 정복하게 되었다. 주께서는 유다에게 빵 조각을 주시면서, "네가 할 일을 어서 하라"고 이르셨다. 이는 가롯 유다가 하게될 일이다. 주께서 가롯 유다에게 허용을 말씀하신 것이다.

이는 마치 이스라엘 백성에게 가나안의 일곱 족속을 멸하도록 명령하시는 것과 같다. 사탄이 그의 마음에 들어앉아서 행동하게 될 것을 말씀하신다.

어서(quickly)란 확실함을 뜻한다. 주께서 이 말씀을 하실 때는 부패한 인간이 하고자 할 때 말릴 수 있는 것은 없다는 뜻이다. 그 일의 목적은 이미 확실해졌기 때문이다.

우리는 '어서 하라' 는 말씀을 고난당하심으로 알지만 주께서는 이미 부활을 내다 보시고 하신 말씀이다. 또한 그로인해 성령이 부어지게 되어 주의 백성들이 거듭나는 것을 보시고 하신 말씀이다. 결국 사탄이 제자중 한명에게 들어가게 되므로 결국 사탄을 정복하고 주의 일이 마무리 되는 계기가 되었다.

영적인 유익을 위해서

주의 관심은 영혼에 있다. 실제적으로 주께서는 영적인 면에 방해가 되지 않으면 물질적인 번성과 건강을 허락하신다.

간혹 인간들 중에는 많은 고생을 하고난 이후에 부자가 되는 경우를 본다. 인간들은 고난을 통해서 자신의 잘잘못을 점검할 기회를 갖기 때문이다. 또한 고난으로 인해 인격이 성숙해진다.

부모들은 자녀에게 삶의 습관에 대해 이런 훈계를 한다.

"너는 성격이 급하고 조심성이 없으니 매사에 차분하게 생각하면서 행동하라" 는 말을 수없이 반복하여 일러준다.

이렇게 부모는 가능한 상황과 그에 대한 대처법을 자녀들에게 일러주지만 자녀들은 그것에 대해 전혀 관심이 없다.

이는 주의 말씀을 듣기는 하지만 명심하지 않은 것과 같다. 우리는 여건이 편하면 배우려 들지 않는다. 진리를 가르쳐 주어도 깨닫지 못하므로 고난을 허용하신다.

나면서 소경된 자에 대해 제자들은 주께 이런 질문을 했다.

"질병이나 갖가지 신체적 장애 또는 불운으로 인해 받게 되는 고통이 당사자나 그와 가까운 관계에 있는 사람의 죄에 대한 처벌입니까?" 했을 때 주께서는 이에 대해서 그렇지 않다고 단호하게 대답하셨다.

주께서는 하나님의 일이 그 사람에게서 드러내시기 위해 고난이 오도록 허용하신다는 것이다. 이는 고난을 통해서 죄 짓는 것을 멈추게 하고 잘못된 것임을 깨달을 수 있도록 하시기 위함이다. 선한 사람도 그가 받게 되는 고난이 그를 영적으로 강건케 하며 그의 인격이 성장하게 된다면 이를 허용하신다.

가라지 비유

주께서 씨 뿌리는 비유를 설명하면서 가라지의 시험에 대해서 말씀하셨다.

"하늘나라는 마치 어떤 사람이 자기 밭에 좋은 씨를 뿌린 것과 같다. 그러나 그가 잠든 사이에 그의 원수들이 밀 사이에 가라지를 뿌리고 갔다(마13:24-30)."

밭에 뿌려진 씨는 "좋은 씨"라고 하였다. 좋은 씨라고 하는 이유는 마음속에 심겨진 진리를 의미하기 때문이다. 고로 밀과 가라지는 진리와 거짓을 의미한다.

여기서 좋은 씨를 뿌린 "어떤 사람"이란 주를 의미하고 좋은 씨는 말씀이다. 좋은 씨를 뿌리는 파종자가 있고 가라지를 뿌리는 파종자가 있다.

어떤 사람이 좋은 씨를 뿌리고 있는데 원수들이 가라지를 뿌리고 있다. 한분은 주님이시고 하나는 마귀이다. 두 종류의 파종자를 말한다.

밭은 인간들의 마음이다. 진리를 마음속에 받고 있는데 원수의 시험에 노출된 것이다.

사실 인간이 진리에 대해 마음을 열었다고 시험이 오는 것은 아니다. 악한 자들이 가라지를 뿌리기 때문에 오는 것이다.

인간은 어려서부터 좋은 것을 듣지만 잘못된 것도 들으면서 자란다. 아무 생각 없이 그런 것을 받아들이게 된다.

인간은 마음속에 좋은 것과 나쁜 것이 혼재된 채 자란다. 그런데 "사람들이 잠든 사이에 원수들이 와서 밀밭에 가라지를 뿌리고 갔다."

이는 당사자가 눈치 채지 못하도록 악한 영들이 은밀하게 마음속에 거짓을 심는다는 것을 의미한다.

잠든다는 것은 세상에 몰두하는 생활을 의미한다.

원수는 지옥으로부터 온 악의 영이다. 가라지를 뿌리는 것은 은밀하게 거짓을 심는 것을 말한다.

그러나 "밀이 자라서 이삭이 팼을 때 가라지도 드러났다."

즉, 진리가 자라나 선이 생산될 때 거짓이 드러나게 된다. 이삭

은 선을 의미하고 가라지는 거짓을 의미한다. 종들이 주인에게
와서 물었다. "주인님 밭에 뿌리신 것은 좋은 씨가 아니었습니
까? 그런데 가라지는 어디서 생겼습니까?"

이는 진리 가운데 있는 이들이 거짓과 혼합되어 있음을 알고
불평하게 된다. 그러자 주인의 대답이 "원수가 그랬구나!" 하
였다. 종들이 다시 물었다. "그러면 저희가 가서 그것을 뽑아
버릴까요?" 이는 거짓을 분리시킴을 뜻한다.

주인은 말하기를 "가만 두어라. 가라지를 뽑다가 밀까지 뽑
으면 어떻게 하겠느냐?" 이는 자칫하면 진리까지 소멸될 수도
있다는 것이다. 진정으로 거듭나지 않으면 거짓을 분리시킬 수
없다는 뜻이다.

주께서 이것을 허용하셨다. 이렇게 선과 악이 뒤섞여 혼재한
상태는 "아! 뭔가 잘못되었구나!" 하고 깨달을 때 드러난다.

자신의 내면에 정욕과 이기심을 발견하고 이것이 영적 성장을
방해하는 요소가 됨을 경험으로 뼈저리게 느끼기 전에는 그것
을 제거하지 못한다. 그로 인해서 심각한 문제가 올 지경이 되
어서야 이것이 잘못이었음을 깨닫게 된다. "추수 때까지 둘 다
함께 자라도록 내버려두어라. 추수 때에 내가 추수꾼에게 일러
서 가라지를 먼저 뽑아서 단으로 묶어 불에 태워 버리게 하고
밀은 내 곳간에 거두어들이게 하겠다." 거짓의 분리는 마지막
상태에 이를 때까지 두고 보아야 한다. 마지막에 이르러서 거
짓은 지옥으로 보내지고 진리는 천국에 이른다.

선용의 결과

선의 열매

신앙을 가지고 있다는 말은 진리를 믿고 따르고 있음을 의미한다. 진리를 따른다는 말은 아직도 여전히 과정 중이라는 뜻이다. 아직 그 나라에 도달한 것이 아니기 때문이다.

진리를 따름의 결과는 선한 자가 되는 것이다. 선한 상태가 되는 원인은 다음과 같다.

첫째, 진리로 인한 선한 열매이다.

주께서는 이렇게 말씀하셨다.

"나의 양식은 내 아버지의 뜻을 행하는 것이라(요4:34)."

주께서 말씀하시는 양식은 하나님의 뜻을 실천하는 것인데, 진리를 가지고 선용의 결과로 이어지는 것을 의미한다.

소화되지 않은 음식은 오히려 몸을 병나게 만드는 것처럼 소화되지 않은 지식은 인간으로 하여금 교만하게 만들 뿐이다.

선용이 없는 진리는 마음속에 저장되기는 하지만 소화되지 않은 지식과 같다. 단지 지식 차원에 머물고 만다.

하지만 선용된 진리는 소화되어 영혼에 살과 피가 된다. 이는 선용으로 말미암아 선한 상태가 된 것이다.

둘째 선용으로 참 자신이 된다.

진정으로 인간이 행복해지는 것은 선이다. 흔히 인간들은 자신을 찾고 싶어서 사색, 고행을 하거나 여행을 떠나기도 한다. 하지만 그렇다고 자신이 찾아지는 것은 아니다.

자신을 찾는 것은 곧 잃어버린 선을 찾는 것이다. 왜 이렇게 말하는가 하면 인간이라는 존재는 다만 그릇에 불과하기 때문이다. 그리고 선은 저세상에 가서 꼭 필요한 요소이기 때문이다.

선은 그 나라에 적응할 수 있는 필수 요건이다. 선하지 않으면 그 나라에서 살 수가 없다. 선은 천국의 기쁨과 행복을 가져다 준다. 고로 신앙 초기에 진리를 배울 때, 진리를 실천하는 것이 습관이 되었다면 선한 상태가 되는데 어려움이 없을 것이다.

진리를 삶에 적용하고자 하는 의지를 가진다면 선한 상태가 된다는 말이다. 의지는 진리를 선으로 만든다.

이는 입으로 들어간 음식물이 위에서 분해 작용을 거쳐서 각 몸에 보내는 작용과 같이 의지는 진리의 지식을 선이 되게 만든다. 분명한 것은 기억속에 머무른 진리의 지식이다.

선용자의 모임

세상 살아가는 동안에 타인에게 전혀 유익을 끼치지 못하는 자는 오로지 자신만을 위해 사는 자이다. 좋은 자리가 나면 자기가 우선해서 자리를 차지하는 인간이다. 자기와 경쟁하는 자는 적으로 여기고 어떻게 하든 짓밟으려고 한다.

그는 자기에게 이익이 되지 않으면 차갑게 원수가 된다.

이런 자는 모여서 즐기기를 좋아하고 기득권을 계산하는 데 시간을 보낸다. 목적없이 먹고 마시며 흥청망청 떠들어대면서 세월을 축낸다.

즉, 쾌락을 삶의 낙으로 여기고 자기를 높이지 않으면 비판하면서 타인에게 피해와 고통을 안겨주는 자이다. 그래서 이런 자의 주변에는 싸움이 그치지 않는다. 이런 자는 편 가르기를 좋아하고 모여서 작당하는 것이 습관처럼 되었다.

만일 이런 자가 저세상에 간다면 어찌될 것 같은가?

그는 평소 그래왔던 것처럼 그 짓을 여전히 하고자 할 것이다. 그 의도와 버릇이 어디로 갈 것인가? 고로 선한 자들의 그룹에 낄 수가 없다.

선한 자들은 선용하는 자들이고 선용을 최고로 여기는 자들이다. 선용의 기쁨을 행복으로 여기면서 살아간다. 그 기쁨은 주님 사랑과 이웃 사랑의 기쁨이다. 선용하여 말로 표현할 수 없을 만큼 큰 기쁨의 맛을 체험한 자들이다. 자기만 사랑하는 자들은 이 기쁨은 알 수가 없다.

세상에서도 선용하는 자들을 존경하지 않는가? 그렇다면 천국에서는 얼마나 선용의 가치를 위대하게 여기겠는가?

보상

보상을 바라고 선용하는 자가 있다. 그는 자신이 세상에서 사랑을 베풀고 타인에게 도움을 주면 주께서 그에 대한 보상을 해주실 것이라고 생각한다.

하지만 그가 삶에서 행한 일에 대해 보상을 기대하는 순간 그가 이제까지 행했던 모든 선용에 대한 댓가를 잃어 버린다.

선용을 곡해하기 때문이다. 선용의 이유를 보상의 차원으로 악용한 것이다. 그가 보상을 기대한 순간 행복은 사라진다. 그는 천국의 행복을 자신에게 집중시킨 꼴이다. 이것은 이웃 사랑이 아니라 자기 사랑이다.

보상은 사랑을 오염시키고 인간으로 하여금 이기적 계산에 빠져들게 하기 때문이다. 보상 심리가 없는 만큼 질적으로 좋은 상태이다.

주께서는 모든 일을 행한 후에 "자신은 무익한 자"라고 고백하기를 원하신다.

진정한 보상은 자기로 인해 이웃이 행복하게 되고 유익이 된 것에 대한 기쁨이다. 선용 자체를 감사하는 것이다. 그것이 그의 기쁨이요 행복이다. 그 기쁨과 행복이 보상이다.

결국 선용한 이후에 오는 행복과 기쁨이 마음속에 있는 천국이다. 거기에는 선용의 등차가 있다.

빛을 반사시킨 금은 자체적으로 광택을 내지만 빛을 흡수하는 물체는 광택을 낼 수가 없다.

보상 심리를 가진 자는 천국에 들어갈 자격을 잃어 버린다. 왜냐하면 순진무구와 공통분모가 없기 때문이다. 보상은 삯이다.

삶을 사랑하는 자

선용한다는 말은 삶을 사랑하는 자세이다. 이들은 이웃에게 도움이 되었다고 생각되면 매우 기뻐한다. 언제나 자신보다는 타인의 입장에서 생각하는 습관을 갖는다.

그래서 생각이 허망해 지거나 흐트러지면 즉시 마음을 돌이킨다. 이기적이 되려고 하면 즉각적으로 타인에게 손해를 주었는지를 살펴보고 죄책감을 느끼면 새로운 마음을 갖는다.

자신의 마음을 바로잡는데 그 시간이 오래 걸리지 않는다.

자만심이나 부정한 생각, 사기적 의도와 같은 생각이 자기 마음이 끼여드는 것을 절대로 용납하지 않는다.

악용의 습관

악용하는 것이 습관이 되어버린 자가 있다. 악용이 인생 자체가 되어 버린 자이다. 이들의 특징은 언제나 나 만을 생각하고 욕심이 가득하다.

그는 어떻게 타인을 이용해서 자신에게 이익이 되도록 할까? 하는 생각이 습관처럼 되었다.

이들이 사용하는 특이한 성품을 생각해 보고자 한다.

첫째는 환상을 부추김이다.

특유한 친절을 발휘해서 타인의 환상을 돋구어서 자기편으로 끌여 들인다. 이들에게는 환상을 부추기는 능력이 있다. 마치 불나비처럼 그 환상에 도취되어 스스로의 욕심에 빠져들게 만들고는 결국 거짓으로 희생시킨다.

둘째는 멍청함이다.

자신 스스로 멍청한 듯이 행동하여 타인의 동정심을 유발한다. 그런 식으로 타인을 안심시키고는 결국 상대방의 것을 탈취함으로 상대방이 나가 떨어지게 만들어 버린다. 이는 자신이 그렇게 하고자 의도적인 계산을 갖고 하는 것이 아니라 이미 몸에 익숙한 습관이 그런 식으로 타인을 이용하는 것이다.

이런 자는 스스로 무너지는 비참함의 뉘앙스를 상대방에게 풍김으로 상대방이 뭔가를 주지 않으면 안 되게끔 만드는 기술이 있다.

그러나 그것은 상대방의 것을 뺏기 위한 보이지 않는 전략임을 상대방은 전혀 눈치채지 못한다.

단언적으로 말해서 타인의 재물을 노리는 간악한 악령이 그 마음에 자리 잡고 있기 때문에 온전한 생활이 어렵다. 세력을 확장해서 남의 것을 침범하고자 하기 때문이다.

우리가 이것을 알아야 한다. 즉, 선한 자는 악한 자의 짓이 보이지만 악한 자는 선을 악으로 보기 때문에 절대적으로 상대방을 선하게 보지 않는다. 그래서 선을 못 본다.

고로 피해자가 이런 자의 손아귀에서 헤쳐나갈 방법은 없다.

피해자가 더욱 선해질수록 악한 자의 술수는 더욱 교묘하게 작용할 것이다. 이런 자의 위험에서 벗어나고자 한다면 주께 지혜를 구하고 주의 섭리만을 의지하는 수밖에 없다.

다만 악에서 건져주실 분은 주이시기 때문이다.

결국 이런 자는 타인에게 엄청난 피해를 가져다주지만 절대로 미안한 마음을 갖지 않는다. 그 마음속에 양심이 없기 때문이다. 양심이 없는데 그에 대해 찔림이 있을 턱이 없다.

이런 자의 목적은 돈과 재물, 권력을 소유하는 데 있으며 타인이 상처를 받든지 아파하든지 관심이 없고 상관하지도 않는다.

이런 자의 목적은 타인을 이용하고자 하는 데 있다.

그래서 타인을 유혹하고자 화려한 복장과 꾸밈으로 나서기를 좋아한다. 그래서 손익을 따져서 이익이 있을 때는 친절을 베풀지만 이익이 없거나 별 도움이 되지 않는다고 여기면 금새 자신의 행동을 철수한다. 이것도 결국 시간이 지나면서 속내가 드러나게 되는데 모든 것이 들통 났을 때는 마치 광인처럼 행동한다. 이들의 간악한 성품이다.

두 종류의 인간

세상에는 두 종류의 인간이 있다.

첫째, 지식만 가진 자이다.

이들의 지식은 단지 기억에 저장한 것에 불과하다. 그 지식을 활용하고자 하는 데는 관심이 없고 지식을 자랑하고 떠벌리는 데 관심이 높다.

자신이 어느 대학을 나왔으며 어떻게 공부를 하였는지를 자랑한다. 이들은 배운 지식을 좋은 일에 사용하기보다는 타인의 지식을 비판하는 데만 열을 올린다. 결국 그는 기억에 만족하는 자이다. 알고는 있지만 그대로 살지는 않는다.

지식이 유용하게 쓰여 지지 않는다면 이는 쓸모없는 지식에 불과하다. 이를 비유하자면 타 버린 재와 같은 지식이다.

둘째, 비록 아는 것은 적지만 선용하는 자이다.

지식은 부족하지만 선용하고자 하는 의도가 강하다. 그래서 할 일을 찾아다닌다.

집을 수리하는 집주인은 비가 새는 곳은 없는지 무너진 틈새가 없는지를 자세하게 살핀다. 밭을 가꾸는 농부는 농작물에 물, 비료가 필요한지를 세심하게 살핀다.

그래서 보수가 필요하면 즉각적으로 실행에 옮긴다. 혹시 방법을 모르면 주변 사람들에게 문의를 하거나 배워서 행동에 옮긴다. 이런 자는 머릿속에만 두고 행치 않는 자보다 훨씬 더 많이 선용하는 자이다. 선용은 하면 할수록 더욱 커지고 양심이 확장된다. 지식이 적어도 적은 지식을 가지고 선용하는 자는 많은 지식을 기억에 담아둔 자보다 훨씬 선을 많이 아는 자이다.

고로 지식의 유무보다 더 중요한 것은 선용이다.

의도의 순수성

선용을 위해서는 순수한 의도가 있어야 한다. 순수 의도가 없으면 악용하게 된다. 순수 의도는 악한 목적을 위해 잔 꾀를 부리지 않는다.

어떤 목적을 이루었다고 할지라도 순수 의도가 들어있지 않다면 온전하다고는 볼 수 없다. 순수 의도는 목적을 위해서 사용되는 수단이 아니기 때문이다.

다음은 목적을 위한 순수의 역할을 생각해 보았다.

첫째, 목적에는 반드시 순수가 필요하다.

성공을 목적하는 자는 성공을 위해 자신의 모든 역량을 동원한다. 각 분야에서 원하는 목적을 위해 할 수 있는 대로 모든 지식을 집약한다. 하지만 그 역량에는 순수가 반드시 들어가야 한다.

예컨대, 국회의원이 되고자 뛰어다니면서 국회의원이 되었다고 할지라도 순수가 없다면 과연 국민을 위한 일꾼이 될 수 있을까? 그에게 순수가 빠졌다면 당선된 이후에 권력을 남용하는 자가 되고 만다. 순수가 빠진 상태에서 목적에 달성했다면 과연 선용이 가능한가?

오히려 순수를 유지하려고 애쓰고 절제된 미덕을 갖춘 자가 낙선 이후에 더 많은 선용을 하는 경우를 본다.

이처럼 좋은 목적에서 순수는 너무나 중요하다. 의도의 순수성은 선용의 결과를 이루기 때문에 가장 중요하다.

둘째, 목적에 순수 의도가 있다면 선한 결과를 이룬다.

어떤 목적이 악이라면 그 일을 이루기 위해 악한 생각을 동원할 것이다. 사람이 생각하고 행동하는 모든 것은 목적을 위해 존재하는데, 그 목적에 순수한 의도가 있다면 선용에 이르고 불순한 의도가 있다면 남용이 된다.

목적에 따라 생명의 길과 사망의 길로 나뉘어 진다.

행동 너머의 의도

지혜로운 자는 행동 뒤에 숨겨져 있는 의도에 관심을 가진다. 말과 행동만으로는 진정한 의도를 알 수 없다. 인간은 남을 속이는 데 천재성을 발휘하기 때문이다.

고로 지혜로운 자는 의도를 통찰한다. 의도는 진정한 목적이기 때문이다.

인간은 수준에 따라 행동한다. 의도의 수준은 선악의 상태에 따라 다르다. 사람이 선하면 의도가 순수하고 악하면 의도가 불순하다. 인간의 삶은 매순간 의도에 따라 상태가 형성되고 상태에 따라 결과가 주어진다.

그래서 주께서 말씀하시기를 "나무가 좋으면 좋은 열매를 맺고 나쁜 나무에서 나쁜 열매를 맺는다"고 하셨다. 이는 상태에 따라 행동의 결과가 주어짐을 말씀한 것이다. 열매 없는 좋은 나무가 있을 수 없고 빛과 볕이 없는 태양은 있을 수 없다.

당장은 의도를 감추고 남의 눈을 속이기도 하지만 그러나 시간이 흐르면서 그 의도의 결과가 반드시 밝혀진다.

천국은 선한 의도가 모여서 거대한 공동체를 이루어서 형성된 곳이다.

예컨대, 인간의 육체를 위해서 신체의 기관이 서로 연결고리를 가지면서 통일성을 유지한다. 몸 안의 각 기관은 각자의 목적을 가지고 기능을 한다. 타 기관에게 선용을 하므로 통일성을 유지한다. 중요한 것은 행동 너머의 의도이다. 지혜로운 자는 언제나 선한 의도에 관심을 가지며 선한 의도가 확고할 때 행동에 나선다.

주께서 선용으로 인도하시는 과정

주께서 다음의 과정으로 인간을 이끄신다.

먼저 주께서는 인간 안에 있는 의지력을 자극하신다. 선에 대한 의지를 갖게 하셔서 행동하도록 하신다. 이렇게 되기 위해서는 마음속에 있는 악이 제거되어야 한다. 악이 없어지는 만큼 주께서 일하시기 때문이다.

악이 제거되면 이해의 능력, 지각력, 심사숙고, 선용의 기쁨에 맞는 진리적 생각이 기억에서 떠오르게 된다.

선한 생각이 올라오면 선한 목적을 갖게 되어 선용하게 된다.

그러나 세상에 대한 욕심을 가진다면 선의 의지력은 닫히고 자신을 위한 의지력이 열려진다.

자신을 위한 의지력은 거짓과 위선으로 점철된다. 이는 천국문이 닫히고 세상을 향해서 문이 열리는 상태이다.

생활 속의 선용

구원의 문제

기도와 예배를 종교 생활의 전부라고 여기는 자들이 있다. 그래서 기도하는 데 많은 시간을 할애하고 예배 출석과 헌금을 강조하거나 또는 부흥회에 열정적으로 참여하고 교회 일이라면 적극적으로 나서서 봉사한다. 하지만 본질적 교회는 삶에서 진리를 실천하는 것이다.

생활 속에서 진리 실천이 곧 선용이다. 주를 섬기는 것은 선용을 수행하는 것이다. 고로 선용하지 않는 예배는 예배라고 말할 수 없다.

성경에는 "창기가 번 돈과 개 같은 자의 소득은 어떤 서원하는 일로든지 네 하나님 여호와의 전에 가져오지 말라 이 둘은 다 네 하나님 여호와께 가증한 것임이니라(신23:18)."

선용의 삶은 이웃에게 선을 행하는 것, 공정과 공평으로 이웃을 대하는 것 또는 자신에게 주어진 일을 성실하게 잘 마무리 짓는 것이다.

한마디로 선용은 자신이 처해진 환경에서 쓸모 있는 자신이 되는 것을 말한다.

두 종류의 교리

하나는 믿음과 행함이 하나를 이룰 때 구원받는다는 교리이고 다른 하나는 믿음만으로도 구원이 이뤄진다는 논리이다. 둘 중에 어느 것이 합리적 논리라고 여겨지는가?

오직 믿음으로만 구원 얻는다는 생각을 가진 자는 우리는 이미 천국에 갈 수 있기 때문에 나머지는 감사해서 선행하는 것이라고 주장한다. 그 말은 선용은 행하지 않아도 별로 큰 지장이 없다는 말이다. 과연 그러한가? 이는 인간의 본성이 얼마나 완악한지 모르고 하는 말이다.

사실 이렇게 두 종류가 대비되는 이유는 믿음은 그 자리에서 진리가 지각이 되지만 선은 행하지 않으면 지각되지 않기 때문이다. 실제적으로 몸을 부딪혀서 행하지 않으면 실체가 지각되지 않는다.

다시 말해서 믿음으로 구원받는다는 논리는 먼저 진리를 들음으로 기억에 저장되고 그것이 이해력으로 나타난다. 그래서 확실하게 진리가 드러나는 듯 보인다.

그러나 결과로 이어지는 선은 속사람을 통해서 겉사람의 행함으로 나타난다. 행함은 언제 행할지 모르고 시간과 장소마다 다르기 때문에 그것이 확실하지 않게 여겨진다.

다시 말해서 믿음은 확실하게 고정되어 있지만 행함은 수시로 변하기 때문이다.

그러기 때문에 인간들은 확고하게 고정된 틀을 가지고 있는 믿음만이 구원받을 수 있다고 여기고 있다. 이런 자는 선용을 부차적으로 여긴다. 오늘날 교회의 교리이다.

선용자의 삶의 방식

선용을 위해 쓰임을 받았다는 느낌을 느껴 보았는가?

선용을 하고 나면 "아! 나도 역시 쓸모 있는 존재가 되었구나" 하는 마음을 갖게 된다. 선용한 이후에 따라 오는 뿌듯함과 행복감이다.

가족을 위해 먼 나라에 가서 힘든 일을 하면서도 행복감을 느끼는 부모의 심정은 많은 고통을 감내하면서도 가족을 위해 일하고 있음에 자부심을 느낀다.

그 자부심은 선용을 하면서 갖는 기분 좋은 느낌이다. 사실 이런 행복감과 즐거움 없이는 희생과 고통을 감내하기 어렵다.

고로 가족과 이웃에게 베푸는 선용의 즐거움이 있다면 그는 행복자이다. 선용이 아닌 데서 맛볼 수 없는 즐거움이다.

선용자들은 가치있는 일과 가치없는 일을 구별하는 능력이 있다. 선용과 선용이 아닌 것을 분별하는 능력이 발달한다.

그 능력은 선한 눈으로 올바른 것을 분별하는 능력이다. 그 능력이야말로 인간을 더욱 선하게 만들고 인간을 아름답게 만든다. 그가 쓸데없다고 여기는 것은 선용과 관련이 없는 일이다.

선용하다보니 선용의 가치를 인정하게 되고 그 안에서 행복감을 누리는 일이 습관이 된다. 그 일을 반복하다 보니 더욱 선한 존재가 된다. 이것이 선용자의 삶의 방식이다.

선용 목적의 마음을 가진 자

근세 철학의 대가 데가르트는 "나는 생각한다. 고로 나는 존재한다"고 말했다. 그는 일생에 걸쳐서 네가지 원칙을 가졌다.

첫째, 종교와 사회 법을 준수한다.

둘째, 행동을 해야할 때는 즉각적으로 행동한다.

셋째, 욕망을 만족시키지 않고 행복을 추구한다.

넷째, 진리 탐구를 필생의 과제로 삼는다.

그가 이렇게 원칙을 세운 이유는 질서를 세워서 삶을 낭비하지 않기 위해서이다. 그는 자신 안에 원리를 세워서 준행했다.

지옥의 원리를 가진 자들이 있다.

악을 가지고 타인을 처벌하는데 힘을 기울이는 자가 있다. 자신의 악을 타인에게 분출한다. 하나의 쓰레기통을 찾는 셈이다. 그것은 가정이나 사회에서 종종 일어나는 현상이다. 흔히 말하는 대로 왕따, 희생양 현상은 처벌의 일종이라고 볼 수 있다. 그것은 자신이 갖고 있는 악을 자신만 가지고 있을 수 없다는 심리이다. 그는 이런 원리가 몸에 배였다.

그러나 선용자는 선용의 원리를 가지고 살아간다.

그가 생각하는 원리는 선은 반드시 되돌아온다는 것이다. 선용을 했다면 누군가가 선용을 베풀고자 그에게 달려온다. 선용의 즐거움은 다시 되돌아오게 된다.

선용의 즐거움이 되돌아온다는 것을 알기에 선한 그룹에서 떠나지 않는다. 혹시 악한 자 가운데 머물더라도 선용을 잃지 않는다.

지금은 악으로 인해 피해를 당하지만 자신의 선용이 되돌아올 것을 신뢰하기 때문이다. 타인이 그에게 악한 짓을 해서 자신이 고통을 당한다고 할지라도 모든 것이 합력하여 선을 이룰 것을 믿는다.

그래서 어떻게 하든 선한 방향으로 되돌려 놓는다. 그들은 고통이 주어지면 이렇게 생각한다.

"아! 내가 현재 어두운 길을 걷고 있구나. 그렇다면 선한 길을 찾아야지"

그에게 어두움은 더욱 선하게 되고자 하는 열의를 불러일으킨다. 이미 선용의 목적을 가지고 있기 때문이다. 그들은 다음에 대해 어떻게 생각하는지를 살펴보자.

첫째, 재물

우선 그에게 재물은 선용을 위한 도구이다. 그가 생각하는 축복은 주를 사랑하고 이웃에게 선행하는 데 있다.

축복은 어떤 환경을 만나든지 간에 감사하고 만족하는 상태를 의미한다. 그는 명예, 재물, 지위가 높든지 낮든지 간에 현재에 만족한다.

그 이유는 자신이 가진 모든 것은 선용을 위한 수단이기 때문이다. 그는 재물을 자기 소유물로 삼지 않고 반드시 있어야 할 것으로 여기지 않는다. 영원한 것으로 여기지 않는다. 그에게 필요한 것은 영원한 삶에 관한 것뿐이다.

둘째, 가족

부부는 선용하는 관계이다. 부부 생활은 선용을 실천하는 장이다. 부부 사랑은 근본되는 사랑이다. 이 사랑은 선용 측면에서 여타 사랑을 능가한다.

그에게 있어서 부부가 되는 것은 남자와 여자가 만나서 아이를 생산하고 양육하기 위함이다. 그래서 남편은 아내가 잘되기를 바라고 아내는 남편이 건강하기를 원하고 또한 자녀가 복되기를 바란다. 부부라는 이름을 가지고 선용의 길을 걸어간다.

흔히 부부들의 문제를 살펴보면 상대방에 대해 비판, 잔소리, 쓴 소리, 판단으로 상대방에게 상처를 주는 일이 많다.

왜냐하면 크고 작은 일에 늘 판단하고 선택해야 하는 일에 부딪히기 때문이다. 이를 갈등이라고 한다. 이러한 갈등의 연속으로 상대방의 감정을 상하게 하고 기분을 망치게 된다.

그러나 선용의 목적을 가진다면 이 모두가 문제가 되지 않는다. 모두 선용을 위해 협력하고자 하는 것이기 때문이다.

집안 정리, 자녀 양육, 직장 생활, 시부모 관계, 종교 생활 등 모든 면에서 정의로운 판단에 의해 협력하는 관계를 유지한다.

셋째, 일

성경에는 각 사람이 행한 대로 심판을 받는다고 했다(마16:27). 중요한 것은 행동이다. 행동속에는 목적과 원인이 들어 있다. 행동이 될 때까지는 선행이 아니기 때문이다. 행동으로 나타나서 선행이 되었을 때 선용이다.

예컨대, 선을 알고는 있지만 행치 않는다면 선행이 아니다. 사랑할 줄 알면서도 행동으로 보여주지 않으면 사랑이 아니다. 주께서 복 받은 자와 저주 받은 자에 대해서 말씀하셨다.

오른편에 있는 자에게는 "내 아버지께 복 받을 자들이여"라고 하셨고 왼편에 있는 자에게는 "저주를 받은 자들아 나를 떠나 마귀와 그 사자들을 위하여 예비된 영원한 불에 들어가라(마25:34-46)."

아버지의 복 받은 사람들은 사랑으로부터 결과되는 축복을 향유한 사람들이다.

고로 진정한 의미에서 복은 다음과 같다.

첫째, 선이 풍요해지는 것이다.

둘째, 진리를 사모함으로 열매가 풍성해지는 것이다.

셋째, 천국의 질서 안에 들어가는 것이다.

넷째, 주님 사랑, 이웃 사랑을 선물로 받는 것이다.

다섯째, 주와 결합하는 것이다.

여섯째, 기쁨이 충만하다.

선용의 원리

구원을 얻기 위해서는 어떤 과정을 거칠 것인가?

첫째 구원의 의지가 있어야 한다.

구원을 받고자 하는 강렬한 의도이다. 이는 목적에 해당된다.

둘째, 구원에 해당되는 진리를 들어야 하고 배워야 한다.

이는 원인이다.

셋째는 결과로서 선용의 열매이다.

물론 구원과 영생은 주께서 주시는 것이지만 이 과정을 통해서 구원이 이루어짐을 알아야 한다.

이 원리는 씨가 자라서 나무가 되고 열매를 맺는 것과 같다. 도토리 안에 상수리 나무가 될 모든 자원이 들어 있는 것처럼 씨 안에는 열매가 될 모든 자원이 숨겨져 있다. 씨안에는 나무가 되고자 하는 목적을 가지고 있다. 씨 안에 가지와 잎, 열매를 가지고 있다.

행동에는 의지와 이해가 들어 있다. 이 말은 의지를 가지고 있더라도 이해한 만큼 행동한다는 말이다. 아무리 의지가 있어도 이해력을 떠나서 행동할 수는 없다. 인간이 구원의 의지를 갖고 있다면 진리를 이해해야 한다.

다시 말해서 본질은 의지이고 형식은 이해이고 결과는 실제이다. 이것이 선용의 원리이다.

사람의 성품

성품은 행실로 나타난다. 행실은 목적과 사상을 반영한 거울이다.

만일 속사람이 늑대를 닮았다면 그의 성품은 늑대처럼 포악스럽게 행동할 것이다. 또 속사람이 뱀을 닮았다면 뱀처럼 간악한 성품을 가지고 행동할 것이고 속사람이 돼지를 닮았다면 돼지처럼 욕심을 부릴 것이다. 성경에서는 이렇게 말하고 있다.

"선한 사람은 마음에 쌓은 선에서 선을 내고 악한 자는 그 쌓은 악에서 악을 내나니 이는 마음에 가득한 것을 입으로 말함이니라(눅6:45)."

"나무는 각각 그 열매로 아나니 가시나무에서 무화과를 또는 찔레에서 포도를 따지 못하느니라(눅6:44)."

인간이 죽고 난 이후의 세계에서는 어떤 상태로 드러나는가?

사후에는 본질이 드러난다. 즉, 속사람이 드러난다. 여기에는 포장과 위장이 없다.

속사람에 있는 선과 진리, 양심, 사랑, 인애를 가지고 살았던 자는 속사람의 드러나서 행복한 삶을 누리지만 속사람이 가시나무, 찔레, 늑대와 여우같은 상태이면 그런 성품으로 불행하게 살게 될 것이다.

선용의 필요를 가르쳐 주는 말씀

만일 우리의 믿음이 결과로 나타나지 않는다면 그것은 하나의 이론에 불과하다. 이는 마치 머리는 있지만 몸이 없는 상태이다. 또는 공중에서 알을 낳고 땅에 떨어뜨리는 새와 같다고 할 수 있다.

다음의 성경구절은 선용한 자와 하지 않는 자의 결말에 대해 설명한 구절들이다.

첫째, 모래 위의 집과 반석 위의 집

"그러므로 내 말을 듣고 그대로 행하는 사람은 반석 위에다 자기 집을 지은 지혜로운 사람과 같다고 할 것이다. 비가 내리고 홍수가 나고, 바람이 불어서 그 집에 들이쳤지만, 무너지지 않았다. 그 집을 반석 위에 세웠기 때문이다. 그러나 나의 이 말을 듣고서도 그대로 행하지 않는 사람은 모래 위에 자기 집을 지은 어리석은 사람과 같다고 할 것이다(마7:24-26)."

이 구절은 지혜로운 사람과 어리석은 사람의 차이에 대해 말씀하고 있다.

지혜로운 자는 반석 위에 집을 짓는 자이고 어리석은 자는 모래위에 집을 짓는 자이다. 주의 말씀 듣고서도 실행하지 않는 사람은 모래 위에 집을 짓는 어리석은 사람이라고 말하고 있다.

모래 위에 집을 짓는 것은 단지 상상에 그치면서 행복의 결과를 기대하는 것과 같다. 단지 말뿐이고 궤변뿐인 믿음의 결과가 얼마나 허황된 것인지 짐작할 수 있다.

주께서는 이어서 이렇게 선포하신다. 즉, 모래 위에 지은 집은 "여지없이 무너지고 말리라"

입으로만 믿노라고 고백만 하는 자들의 집은 겉은 멀쩡하지만 언젠가 무너지고 만다.

말씀을 듣고 실행하지 않는 자는 모두 이처럼 황폐하게 된다는 뜻이다. 그러니까 진리의 지식은 많지만 실행하지 않는 자는 아무런 의미가 없음을 말한다.

그러나 비록 아는 것은 적지만 실제적으로 실행하는 자들은 반석위에 세운 집과 같은 자이다.

둘째, 길가에 떨어진 씨

"보아라, 씨를 뿌리는 사람이 씨를 뿌리러 나갔다. 그가 씨를 뿌리는데, 더러는 길가에 떨어지니, 새들이 와서 그것을 쪼아 먹었다(마13:3)."

진리를 받아들이지 않는 자의 결과에 대해 말씀한다.

여기서 씨 뿌리는 사람이 씨를 뿌리러 나갔다고 했는데 씨 뿌리는 자는 주를 의미한다. 그분은 진리의 근원이시다.

주께서는 모든 시대에 걸쳐서 진리의 씨를 뿌리신다. 다시 말해서 이 땅에 태어난 이들 중에 그분의 진리가 뿌려지지 않는 마음은 없다는 말이다.

바울은 인간은 그 진리를 받지 않은 것처럼 말하지만 자연 만물에 분명하게 신성을 보여 주었기 때문에 아무도 핑계할 수 없다고 말하고 있다. 그것은 자연 만물을 통해서 보여 주셨고 양심을 통해서도 증언하셨다.

그 일은 지금 뿐만 아니라 영원히 계속된다. 그 씨는 공평하신 분께서 모든 인간들에게 공평하게 뿌리신다.

그런데 씨를 받아들이는 인간들의 마음 상태가 여러 가지이다. 주께서 씨를 뿌리지만 어떤 것은 길가에 떨어져 새들이 와서 쪼아 먹었다.

여기서 길가는 마음 바탕을 말한다. 길가는 씨가 떨어지기에는 부적당한 토양이다. 길가는 사람들이 밟고 다니는 길이기 때문에 단단하게 다져져서 씨가 흙에 묻힐 확률이 없어서 떨어진 그대로 딱딱한 표면에 놓여 있을 수밖에 없다.

이 말의 의미는 아무리 어려서부터 진리를 가르치고 선을 행하라고 말을 해도 그 말을 귀담아 듣지 않는 마음을 말한다.

진리에 대해서 어떤 관심도 보이지 않는다.

길가에 떨어진 씨에 대해 "새들이 와서 쪼아 먹었다"고 했는데 여기서 새는 쓸데없는 생각을 의미한다.

새는 생각을 상징하는 동물이다. 그러니까 사악한 생각이 진리를 덮어 버린 것이다. 쾌락적 사고, 헛된 철학, 쓸데 없는 생각이 진리의 씨를 무익하게 만들어 버렸다.

선용하지 않는 자의 마음 상태이다.

셋째, 나쁜 열매 맺은 나무

"좋은 열매를 맺지 않는 나무는, 찍어서 불 속에 던진다. 그러므로 너희는 그 열매를 보고 그 사람들을 알아야 한다. 나더러 '주님, 주님' 하는 사람이라고 해서 다 하늘나라에 들어가는 것이 아니다. 하늘에 계신 내 아버지의 뜻을 행하는 사람이라야 들어간다(마7:19)."

이 말씀은 선용하지 않고 입으로만 고백하는 자의 결과를 말한다. 인간 존재를 나무와 열매로 비유해서 말씀하고 있다.

우리가 이 세상에 사는 동안 마음속에 거짓이 뿌리를 내려서 열매가 생산된다면 저 세상에 가서 그런 열매로 인해 지옥 불에 던져질 수밖에 없다는 뜻이다.

악한 자가 바로 그런 자이다. 악인은 거짓이 뿌리를 내려서 열매를 맺은 자이다. 인간의 운명을 결정하는 것은 초기에 심겨진 원리이며 그 원리가 존재를 구성한다는 말씀이다. 진리의 원리를 가지면 선의 열매를 맺고 거짓의 원리를 가지면 악의 열매를 맺는다. 그리고 이것이 사후에 하나도 숨김없이 있는 그대로 펼쳐진다는 말이다.

넷째, 행위대로 상을 주신다

"보아라, 내가 곧 가겠다. 나는 각 사람에게 그 행위대로 갚아주려고 상을 가지고 간다(계22:12)."

위 말씀은 반드시 심판이 있다는 약속이다. 여기서 '곧'이라는 말의 의미는 확실하다는 뜻이다.

바울도 심판에 대해서 "그런 자가 하나님의 심판을 면할 것 같습니까?...하나님께서는 각 사람에게 그 행실대로 갚아 주신다(롬2:3,6)."

심판은 위협하기 위함이 아니고 약속이다. 두려움을 불러일으키려는 의도가 아니라 희망을 주고자 하는 데 있다.

"내가 상을 가지고 간다"

상을 가지고 간다는 말은 선용하는 자에게 한한 약속이다. 그러면 무슨 상을 말하는가?

선용하는 자는 어떤 보상을 받는가?

우리는 물질로 상을 받는데 익숙하다. 하지만 물질은 시간이 지나면 낡아지고 썩고 없어져 버리는 것에 불과하다.

여기서 말하고 있는 상은 과연 무엇을 의미하는가? 주께서 아브라함에게 이렇게 말씀하셨다.

"나는 방패가 되어 너를 지켜 주며 매우 큰 상을 너에게 내리리라(창15:1)."

주께서 큰 상을 주신다고 했는데 무슨 상을 의미하는가?

주께서는 선용하는 삶을 살면서 그분을 찾는 자에게 주께서 보상 자체가 되신다는 의미이다.

"각 사람의 행위대로" 여기서 행위는 선한 행실을 말한다.

'행위대로' 라는 말은 실적에 따른 보상이다. 이 말은 인간의 선용한 대로 그분이 현존하는 상태가 보상인 것이다.

그 이상도 그 이하도 아니다.

결국 그리스도인의 보상이란 분에 넘치게 오는 것이 아니고 그의 행위 자체에 따라 주께서 함께 하심을 의미한다. 그분을 향해 마음을 열고 영접하는 이가 그 분을 받는다. 이 말씀들을 살펴보면 선용으로 나타나지 않는 믿음은 단지 이론에만 그친다는 교훈이다.

다섯째, 진리는 빛으로 드러난다.

"진리를 행하는 사람은 빛으로 나아온다. 그것은 자기의 행위가 하나님 안에서 이루어졌음을 드러내려는 것이다(요3:21)."

진리와 진리의 빛은 다른 점이 있다. 진리에 순종하면 마음 안에 있는 진리의 빛이 드러난다.

다시 말해서 진리를 순종하는 이들 외에는 아무도 계발되지 않는다. 이와 같은 교훈은 다른 구절에서도 말씀하고 있다.

"사람이 하나님의 뜻을 행하려 하면 이 교훈이 하나님께로부터 왔는지 내가 스스로 말함인지 알리라(요7:17)."

어떤 측면에서 지식은 빛과 같다. 그것은 자연적 수준의 이해의 빛이다.

과학 문명이 뒤 떨어진 시대에는 자연 과학적 빛이 없으므로 어두운 상태였다. 자연 과학 지식이 들어옴으로 어두운 생각이 밝아지게 되었다. 그러나 그것은 자연적 빛에 불과하다.

중요한 것은 영적 빛이다. 그 빛은 선을 통해서 온다.

다시 말해서 영적 빛은 선용을 했을 때 얻는 지식이다. 선용은 그 빛을 받는 통로이다. 고로 이웃 사랑의 빛에 나아가야 한다.

선용 법칙

비, 구름, 이슬, 빛, 열기, 돌, 흙과 같은 광물은 식물이 땅에서 자라기 위한 환경과 여건을 마련해 준다. 그 기초위에서 식물은 열매를 맺어서 인간과 동물, 새에게 먹을거리를 제공해 준다. 산소를 공급해서 숨을 쉬게 해주고 집지을 재목을 제공해 준다. 그리고 동물은 인간에게 고기를 제공한다.

광물은 식물을 섬기고 식물은 동물을 섬기고 이 모두는 최종적으로 인간에게 생명을 주므로 인류를 섬긴다. 각각에게 유익을 주는 이 법칙은 인간 생활속에 적용된다.

인간은 이 법칙에 의해 하나님과 이웃에게 선용하므로 살아간다. 인간 생활을 선용 법칙이 규율하고 있다. 하나님께서는 자연안에 선용 법칙을 세우셔서 운행하신다. 본래 이 법칙은 천국에서 주어졌고 광대한 세계인 천국 또한 이 법칙에 의해 운행된다. 천국 시민은 서로가 선용하므로 상호 관계를 하면서 행복에 응답하면서 존재한다. 그러면서 더욱 완전해진다.

선용 법칙의 실례는 신체 기관이다. 심장과 폐의 협력하는 관계처럼 각 기관은 다른 기관을 위해 존재한다. 선용의 법칙에 따라 신체는 통일성을 유지하고 건강을 유지한다.

- 참고 도서 -

· Swedenborg. 배제형, 역. 『천국의 비밀들』, 도서 출판 벽옥, 2018.

· 배제형. 『성경 상응 사전』, 도서 출판 벽옥.

· Swedenborg. 정인보. 역, 『하나님의 사랑과 지혜』, 좋은 땅. 2013.

· 『순진무구 수치심을 치유하다』, 김홍찬 저. 한국상담심리연구원.

· 『이노센스』, 김홍찬 저. 한국상담심리연구원. 2013.

· 기타

『사람이란 무엇인가』, 『김군의 마음』, 『김군의 마음 질병편』,

『식물에서 깨우침을』, 『의도의 순수성』, 『허용법칙』,

『양심의 비밀』, 『껍데기만 남으면 심판이다』

선용

1판 1쇄 인쇄일 2022년 7월 15일

지은이 김홍찬

발행인 김홍찬

펴낸곳 한국상담심리연구원

출판등록 제2-3041호(2000년 3월 20일)

주소 03767 서울시 서대문구 충정로53 골든타워 1811호

대표전화 ☎ 02)364-0413   FAX 02)362-6152

이메일 khc2052@hanmail.net

유튜브 김군의 마음TV

값 12,000원

ISBN ISBN 978-89-89171-58-4